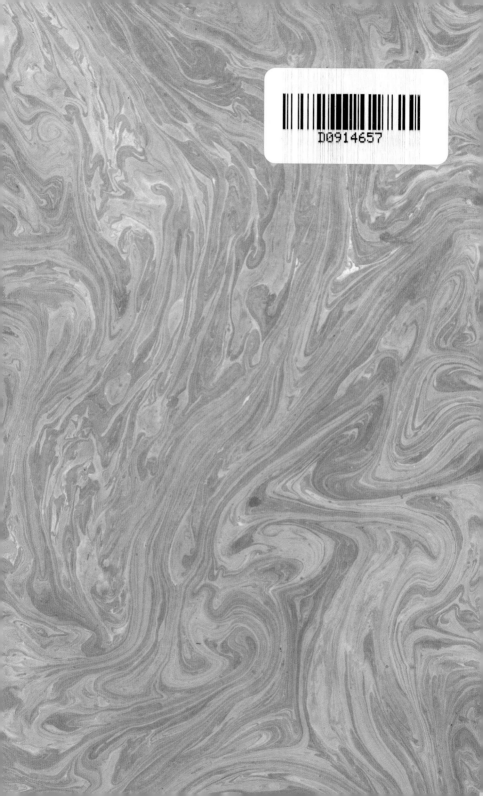

JOHN F.
KENNEDY

Copyright © EDIMAT LIBROS, S. A.
C/ Primavera, 35
Polígono Industrial El Malvar
28500 Arganda del Rey
MADRID-ESPAÑA

Colección: Grandes biografías
Título: *John F. Kennedy*
Dirección de la obra:
Francisco Luis Cardona Castro
*Doctor en Historia por la Universidad de
Barcelona y Catedrático*
Coordinación de textos:
Manuel Giménez Saurina
Manuel Mas Franch
Miguel Giménez Saurina

ISBN: 84-8403-860-2
Depósito legal: M-8494-2005

Diseño de cubierta: *Juan Manuel Domínguez*
Impreso en: COFÁS

IMPRESO EN ESPAÑA – *PRINTED IN SPAIN*

INTRODUCCIÓN

El asesino —¿o asesinos?— de John Fitzgerald Kennedy hizo que millones de hogares se estremecieran en todo el mundo el 22 de noviembre de 1963, cuando el presidente de Estados Unidos moría aquel día en la ciudad de Dallas, mientras recorría sus calles, durante la campaña para su reelección.

John Fitzgerald Kennedy había tomado las riendas de la Casa Blanca en 1961, sin duda con la intención de dar nuevas salidas a una sociedad con componentes y aspiraciones nuevas que, en gran medida, habían sido coartados por la gestión republicana anterior.

En 1957, los senadores norteamericanos y toda la población estadounidense había empezado a fijarse en alguien que acababa de llegar al Capitolio y que había sido elegido por el Estado de Massachusetts. Ya en aquel entonces, se empezó a hablar de aquel senador como un serio aspirante a la Casa Blanca, aunque todavía faltaban tres años para las elecciones a la presidencia.

Lo que más llamaba la atención de aquel senador es que trataba sobre temas internacionales diversificados, y no únicamente —como tantos otros— de la confrontación directa entre las dos superpotencias mundiales: Estados Unidos y la Unión Soviética.

Aquel senador provenía de una familia acomodada —a la vez que ambiciosa—, que procedía de Boston, aunque su origen remoto era irlandés. Kennedy se había permitido el lujo de viajar por diversos países, tanto americanos como europeos, por lo que hablaba de los problemas internacionales con pleno conocimiento de causa.

El camino hacia la presidencia no fue, en realidad, un camino de rosas para Jack —que así se conocía en la intimidad a John Fitzgerald—. Se enfrentó con muchos impedimentos: tuvo que luchar enconadamente contra los adversarios, primero dentro de su propio partido y luego, ya nombrado candidato oficial, contra el candidato republicano a la presidencia, Richard Nixon. Todos empezaron por atacar, sobre todo, su religión, y apoyaban su lucha basándose en que estaba respaldado por un padre que no dudaba en regalar millones de dólares para conseguir un voto para su hijo. Además, John Fitzgerald no gozaba de buena salud: una antigua lesión de la espalda le causaba intensos dolores, llegando incluso a tener que usar muletas para poder andar. Pero lo consiguió. John Fitzgerald Kennedy llegó a ser presidente del país más poderoso del mundo, ganando las elecciones en noviembre de 1960.

Su trágico final es conocido por todos, pero no así los motivos que lo hicieron posible. ¿Llegarán a saberse con certeza algún día?

Bibliografía

ARQUIJO, P. y otros: *Kennedy*, Alce, Madrid, 1980.

BUCK, P. S. : *Las mujeres de Kennedy*, Dopesa, Barcelona, 1972.

COLLIER, P. y HOROWITZ, D.: *Los Kennedy*, Tusquets, Barcelona, 1985.

DUHAMEL, M.: *Los cuatro días de Dallas*, Ed. Diana, México, 1971.

DUNO, M.: *El teniente J. F. Kennedy*, Ed. Juventud, Barcelona, 1968.

HABE, H.: *La muerte en Texas*, Plaza y Janés, Buenos Aires, 1964.

KASPI, ANDRE: *Kennedy*, Salvat, Barcelona, 1988.

KOSKOFF, A.: *Joseph P. Kennedy, fundador de un clan político*, Dopesa, Barcelona, 1975.

MANCHESTER, W.: *Muerte de un presidente*, Noguer, Barcelona, 1967.

MCGREGOR BURNS, J.: *John Kennedy*, Ariel, Barcelona, 1960.

ROJAS, R.: *Estos mataron a Kennedy*, Martínez Roca, Barcelona, 1976.

SCHLESINGER, A. M.: *Los mil días de Kennedy*, Aymá, Barcelona, 1966.

SIDEY, H.: *John F. Kennedy, presidente*, Juventud, Barcelona, 1982.

SORENSEN, TH. C.: *Kennedy, el hombre, el presidente*, Grijalbo, Madrid, 1966, 2 vols.

VV. AA: *J. F. Kennedy*, Urbión, Madrid, 1983.

CAPÍTULO I

EL NACIMIENTO DEL CLAN KENNEDY

En una biografía de John Fitzgerald Kennedy —Jack para los íntimos—, uno de los presidentes más carismáticos de Estados Unidos, no se pueden narrar exclusivamente los hechos que atañen sólo y únicamente a su persona, sus actos privados y públicos, sin referirnos antes a su entorno familiar, al «clan Kennedy», como se le ha conocido y aún se le conoce, que tanto influyó en todos los pasos de su vida, antes y después de llegar a la presidencia, a la que posiblemente no hubiese accedido de no verse respaldado por su familia y particularmente por el «patriarca del clan», su padre Joseph Patrick.

Y siendo esto así, y para llegar a los pasos que precedieron el proceso de impulsar a John Fitzgerald al pináculo de la política mundial, es preceptivo esbozar los orígenes de tan singular y unida familia a la que, no obstante, un destino fatal la fue marcando en su larga existencia.

Remontándonos, pues, al año 1820, fue en Kilkenny, en Irlanda del Sur, donde nació, en una familia de campesinos católicos irlandeses, el precursor del clan, Patrick Kennedy, quien a los veintiocho años, en el invierno de 1828, y después de recibir la bendición del párroco de la pequeña iglesia del pueblo, se despidió de sus familiares emprendiendo camino hacia la ciudad portuaria de New Ross, siguiendo las márgenes del río Barrow, el cual desemboca al océano en la bahía de Wateford después de discurrir entre los bosques y pastos de la comarca.

¿Por qué aquel joven iba a abandonar su patria natal, dejando atrás sus recuerdos juveniles y su familia?

En realidad, Patrick Kennedy, el menor de tres hijos de la familia, hubiera debido permanecer soltero hasta los treinta años, pues así lo aconsejaba la necesidad de reunir algún dinero antes de fundar un nuevo hogar; después recibiría la parte correspondiente a su heredad y tras instalarse en una casita con techo de paja, habría mantenido la tradición de la forma de vida de sus antepasados.

No obstante, el destino había dispuesto que aquel joven no siguiera la tradición, y se viera obligado a adoptar la decisión que ahora le llevaba en dirección al puerto. Las causas se remontaban lejos en el tiempo. La tragedia se había ido cerniendo sobre Irlanda desde hacía algunos siglos, convirtiendo el país en un infierno para sus moradores. Patrick Kennedy no fue el único que se despidió de su familia aquel año de 1848 para dirigirse a otro país donde se ofreciera la promesa de una vida mejor.

Para comprender la decisión de Patrick y de tantos otros irlandeses que le precedieron o le siguieron en su decisión, hay que retroceder al año 1538, cuando el rey Enrique VIII decidió incorporar definitivamente la isla al reino inglés, proclamándose rey de Irlanda. Entonces las tierras fueron repartidas entre los nuevos dueños, se establecieron colonias y se crearon guarniciones. Todo ello redundó en la explotación y humillación de los irlandeses, prohibiéndoseles —porque Enrique VIII había roto en 1533 su vínculo con Roma, por no haberle sido concedido el divorcio de Catalina de Aragón, a la que había repudiado para casarse con Ana Bolena— incluso la práctica de su religión, la católica, y se reprimió de forma cruel cualquier intento de rebelión. Fueron destruidos clanes enteros, se fomentó el analfabetismo y la

John Fitzgerald Kennedy, el Presidente que rejuveneció la política de Estados Unidos.

ignorancia y el país, gobernado en régimen de conquista, quedó convertido en uno de los más atrasados y depauperados de Europa.

Las tierras se repartieron entre unos veinte mil propietarios ingleses, sin que casi ninguno de ellos se tomara la molestia de inspeccionarlas, y los desgraciados campesinos vivían en condiciones desastrosas, habitando en casuchas de barro, las cuales daban cobijo también a los paupérrimos animales domésticos, entre un olor insoportable, teniendo por cama un jergón de paja y por toda comida patatas, de las que se recolectaban abundantes cosechas. Las sobrantes se entregaban íntegramente al propietario, como pago de impuestos y tributos. Consecuencia de aquel parvo régimen alimenticio no digno para el ser humano, fue que la patata se convirtió en un producto de alto valor, cuyo cultivo acaparaba buena parte de la atención del campesino, cuya subsistencia dependía prácticamente del preciado tubérculo.

Todo confluía a hacer aquel estado de cosas eterno, si no hubiese ocurrido una catástrofe que trastocó aquel resignado ambiente, destrozando las vidas de nueve millones de seres humanos. La tragedia tuvo su origen en la llegada de unos barcos americanos que transportaban mercancías que quedaron dañadas inadvertidamente por un parásito desconocido hasta entonces en Irlanda, con lo que no pasado mucho tiempo empezó a afectar a las cosechas de patatas. La plaga se extendió con una rapidez pavorosa, y en cuestión de dos años la producción quedó completamente arruinada, de tal forma que la población se enfrentó al terrible drama de no tener con qué alimentarse. Las familias, impulsadas por la desesperación, comenzaron a consumir los demás productos del campo, dejando de esta forma de pagar los impuestos a sus propietarios.

Entonces se inició una cruenta pugna entre dueños y campesinos. Los primeros pretendían cobrar sus rentas, sin tener en cuenta para nada la miseria de los campesinos; los segundos intentaban resistir al menos hasta que se restableciera la normalidad. Sin embargo, los propietarios tenían a la ley de su parte, y ésta fue aplicada con extremado rigor, menudeando entonces los desahucios y las incautaciones. Y mientras el hambre hacía estragos entre la población, centenares de familias se vieron arrojadas de sus hogares, no teniendo más remedio que vagar sin rumbo implorando la caridad ajena. Pueblos enteros fueron desalojados, y sus habitantes quedaron sin hogar, mientras los propietarios, en sus palacios ingleses, instaban a los funcionarios y soldados a no tener compasión alguna hacia aquellos desdichados. Aproximadamente, entre 1846 y 1847 murieron en Irlanda más de un millón de personas, mientras que otro millón salió del país en un éxodo que no acabó hasta 1851.

Los Kennedy habían logrado sobrevivir hasta 1848, pues se hallaban instalados en una tierra fértil y próspera comparada con las otras comarcas de Irlanda. Pero ansiosos de compensar las pérdidas sufridas en otros lugares, los propietarios fueron estrechando más y más la presión sobre los campesinos, llegando en aquel año de 1848 hasta tal extremo en sus exigencias que familias enteras empezaron a considerar la necesidad de emigrar a otras tierras.

Por aquella época, la ciudad de New Ross era, si cabe, mucho más importante que Dublín, la propia capital de Irlanda. A sus quince mil habitantes censados se sumaron miles de viajeros que conferían a la población una animación inusual, originando un verdadero caos. Los emigrantes acampaban por doquier y abarrotaban los muelles buscando una posibilidad para hacerse a la mar. Muchos carecían del dinero necesario para pagarse un pasaje y, viéndose incapaces de encontrar una solución al problema, esperaban que se produjera un milagro que les permitiera cruzar la pasarela de algún barco.

Quienes sacaron provecho de la situación fueron armadores sin escrúpulos, que pusieron de nuevo en circulación barcos que habían sido dejados tiempo atrás por inservibles, completamente desprovistos de los más elementales medios de seguridad e higiene. En estos barcos se cargaba a los pasajeros que podían pagar la cantidad mínima y se hacían a la mar contando con muy pocas posibilidades de llegar a destino. Patrick Kennedy había logrado ahorrar unas monedas que le permitieron pagarse un pasaje a Boston. En realidad, el puerto de llegada le importaba poco, pues lo que él pretendía simplemente era alejarse de un país donde todo era miseria y, aunque con dolor en el corazón por tener que separarse de su familia, estaba lleno de esperanza, confiando que el futuro le depararía buenas perspectivas.

La travesía del barco que llevaba a Patrik Kennedy duró seis semanas, en el transcurso de las cuales aquellos viajeros sufrieron innumerables penalidades. Los procedimientos que empleaban los armadores podían compararse con los de los traficantes de esclavos que amontonaban su carga en la bodega como si fuera una vulgar mercancía. La ley exigía que se suministrara agua y comida a los emigrantes, pero deseosos de ahorrar el máximo de espacio, los capitanes sólo embarcaban unos cuantos barriles de agua, que se corrompía fácilmente, y no llevaban nada de comida, de tal forma que los pasajeros debían aprovisionarse antes de embarcar. Las condiciones higiénicas eran deplorables. Abundaban los enfermos y se producían numerosas defunciones.

CAPÍTULO II

LA CIUDAD DE BOSTON

Patrick Kennedy logró sobrevivir al viaje. Cuando desembarcó en el muelle de Boston era un joven pálido y demacrado, aunque con las suficientes fuerzas como para lanzarse a la conquista del país que, a partir de entonces, debía considerar como su patria.

Patrick Kennedy se quedó momentáneamente en la parte este de la ciudad, donde se habían establecido numerosas fábricas. Una de ellas era la del whisky, y como consecuencia florecía la fabricación de toneles. Patrick buscó y encontró trabajo como tonelero y de esta forma pudo disponer rápidamente de un salario aceptable.

El recién llegado no tardó demasiado en entablar amistades, y al cabo de algún tiempo conoció a una joven a la que pidió en matrimonio. Esta joven se llamaba Bridget Murphy, y era dos años mayor que Patrick.

Los Kennedy lograron prosperar. Fruto del matrimonio nacieron tres niñas y un varón: Mary, Margaret, Johanna y Patrick Joseph. Durante aquellos tenebrosos tiempos, la mortalidad infantil en Boston superaba el sesenta por ciento. No obstante, los cuatro hijos de los Kennedy sobrevivieron, aunque el padre no pudo sobreponerse totalmente de las calamidades pasadas y cayó enfermo de cólera cuando su hijo mayor contaba apenas un año.

Patrick Kennedy murió recién cumplidos los treinta y cinco años. Pero la semilla del «clan» estaba sembrada y otros continuaron la ruta que él marcó.

15

Bridget quedó viuda y con cuatro hijos, y tuvo que realizar considerables sacrificios para sacar adelante a su prole. Trabajó en varios oficios y como el trabajo la obligaba a estar alejada prácticamente todo el día de su hogar, sus hijas tuvieron que cuidar al pequeño Patrick hasta que éste pudo frecuentar la escuela parroquial.

Patrick, cabeza de familia

Patrick, a pesar de sus estudios, todavía encontraba tiempo para ayudar a su madre. Más adelante, siendo ya un muchacho alto y robusto, abandonó la escuela y buscó trabajo en el muelle. Encontró ocupación como descargador, pero esta ocupación no le hacía feliz, pues prefería la vida más agradable de los comerciantes. Pero las posibilidades de poseer un negocio propio eran muy escasas para un irlandés, ya que muchos empleos quedaban reservados a los americanos y protestantes.

Sin embargo, la casualidad le deparó inesperadamente la ocasión para dar forma a sus sueños, abriéndole un camino al que hasta entonces sólo tenían acceso unos pocos privilegiados. En un callejón situado cerca de su casa se vendía un bar por no mucho dinero. Reuniendo sus escasos ahorros y ayudado por un antiguo amigo de su padre, Patrick adquirió el local y se dedicó a explotarlo. Su visión para los negocios era tal que al poco tiempo agrandó su campo de actividad iniciándose en la venta de whisky al por mayor. Más tarde pasó a tener intereses en otros dos bares, uno de ellos convertido posteriormente en un restaurante, que muy pronto quedó acreditado, mientras que el otro se hallaba ubicado cerca del puerto lo que le hacía contar con una clientela asidua.

Durante ese tiempo, Patrick no dejó de mantener correspondencia con sus parientes irlandeses. Al mismo tiempo aumentaba su círculo de amistades en Boston, a cuyas reuniones acudía aunque no participaba abiertamente en las conversaciones. Patrick se interesaba por la política local. Las preferencias del joven propietario se inclinaban por el Partido Demócrata y pronto se le consideró como un hombre entendido, de tal forma que muchos amigos suyos se procuraban sus consejos.

Llegó a ser tal su prestigio que cuando se lanzó definitivamente a la política fue elegido diputado para la Cámara de Massachusetts en 1886. Seis años más tarde fue nombrado senador.

A sus veintiocho años, Patrick Kennedy creyó llegado el momento de dejar el círculo de los solteros, y tras un breve noviazgo con Mary Kickey contrajo matrimonio el 6 de septiembre de 1887. Al año siguiente, en la calle Meridian nació su primer hijo, al que bautizaron con los nombres de Joseph Patrick, quien llegaría a ser el patriarca del clan Kennedy, padre del futuro presidente.

CAPÍTULO III

LOS FUTUROS PATRIARCAS

Los Kennedy se iban convirtiendo en una familia importante y también la ciudad de Boston prosperaba a pasos agigantados. La infancia de Joseph Patrick fue agradable. Se sentía mimado por su entorno, a pesar de que el cabeza de familia nunca permitió que la autoridad se le fuera de la mano y combinaba la benevolencia con la severidad, consiguiendo así que en la casa reinara un ambiente disciplinado pero afectuoso. El bienestar económico de la familia permitió que se trasladaran de vivienda, ocupando una mucho más conveniente, desde la que podía verse el puerto.

Para Joseph Patrick —al que toda la familia llamaba por el diminutivo Joe— el ejemplo de su padre fue decisivo, pues adquirió un carácter resuelto que le inducía a aprovechar cualquier ocasión para lanzarse a la conquista de nuevos objetivos.

Posiblemente Joe adquirió conciencia de la dura lucha que, a su manera reposada, estaba librando su padre dentro del tortuoso camino de la política, pero su infancia transcurrió sin incidencias, aparte de las normales en un niño de corta edad. El padre de Joe procuró fomentar en él el afán de superación y no quiso que la vida le resultara demasiado fácil, animándole a competir con amigos y compañeros, algunos de los cuales pertenecían a las clases menos privilegiadas de la ciudad, y cuando se hizo mayor, Joe tuvo que ponerse a

19

trabajar, aunque no obligado por la necesidad, sino por el sistema de educación impuesto por su padre, dispuesto a endurecer el carácter de su hijo.

Joseph Patrick trabajó como vendedor de periódicos e hizo de recadero, entre otros varios oficios de poca monta. Le gustaba la marina, y cuando la Armada americana visitó el puerto de Boston, se dedicó a vender boletos para unos recorridos en barca por el muelle.

Fueron transcurriendo los años de la adolescencia en los que el joven Joseph se había hecho muy alto y de fuerte musculatura. Cuando cumplió quince años empezó a dar muestras de haber agudizado el ingenio, pues empezó a ganar dinero, a la vez que se aficionaba a los deportes, prefiriendo el béisbol, uno de los dos deportes más populares de América. Estudiaba, al mismo tiempo, y en 1901 ingresó en la Boston Latin School, donde tuvo que repetir curso por el poco interés demostrado en las diversas disciplinas. En cambio, consiguió mucha popularidad como coronel del regimiento de cadetes, delegado de la clase y capitán del equipo de béisbol. Sus profesores predecían por aquel entonces que el joven Kennedy alcanzaría notoriedad, aunque hacían la salvedad de que ésta nunca sería de tipo convencional.

Más adelante ingresó en la Universidad de Harvard, a la que únicamente asistían los hijos de las familias más importantes de Boston, lo que pudo resultar una experiencia bastante ardua para quien, en suma, sólo era nieto de emigrantes e hijo del propietario de unos bares. No obstante, logró salir adelante, y consiguió calificaciones aceptables tanto en Economía como en Historia. A partir de entonces empezó a aficionarse a la música y al baile, causando sensación entre las jóvenes, ya que era un excelente bailarín.

Rose Elizabeth Fitzgerald

En ese tiempo, una joven a la que Joseph Patrick conocía desde niña, se había convertido en una atractiva muchacha. La familia de Rose también provenía de Irlanda. Los abuelos paternos de la joven, Thomas Fitzgerald y Rose Mary Murray, habían hecho el mismo viaje que Patrick Kennedy, aunque en épocas distintas. Tanto Thomas como Rose Mary procedían del concejo de Wexford, aunque se conocieron y se casaron en Boston.

Los Fitzgerald tuvieron once hijos, nueve de los cuales sobrevivieron a la infancia. Entre ellos estaba John Francis Fitzgerald. Éste se casó con Mary Josephine Hannon y tuvieron seis hijos. La mayor fue Rose Fitzgerald.

El abuelo de Rose, Thomas, trabajó durante algún tiempo como peón agrícola en South Acton, un pueblo situado a unos cuarenta kilómetros de Boston, aunque luego regresó al North End de Boston, en donde pasó la mayor parte del resto de su vida trabajando como tendero. Y allí fue donde nació el padre de Rose, y donde se estableció la familia cuando se casó con Mary Josephine Hannon. El 22 de julio de 1890 nació la primogénita, a la que bautizaron con el nombre de Rose Elizabeth Fitgerald.

El padre de Rose, cuando apenas contaba veinte años era ya un conocido especialista aficionado a la historia de Boston y se dedicaba, de vez en cuando, a guiar grupos de visitantes. Su conversación abarcaba siempre un campo muy amplio, pues pasaba de la historia de Boston a la de Norteamérica, de la de Irlanda a la de Inglaterra y, finalmente, de ésta a la mundial.

John F. Fitzgerald también era un buen atleta. Jugó, en el colegio bostoniano de la Latin School, en el equipo de béisbol, en el de rugby, y fue capitán del equipo durante dos años. Más tarde, se aficionó también a la hípica.

Tenía gran capacidad para pensar y hablar con rapidez y precisión, lo cual le fue muy útil para los negocios y sobre todo para la política.

Cuando murió el abuelo de Rose, John Francis tenía dieciocho años. Thomas Fitzgerald había dejado una pequeña suma de dinero, aunque no era suficiente para mantener a su numerosa y joven descendencia —nueve hijos, de los cuales John F. era el tercero—. Así que John Francis tuvo que dejar la Harvard Medical School, en la que había ingresado aquel mismo año para dedicarse al estudio de la medicina. Entonces decidió presentarse a un examen de ingreso en la administración estatal y así obtuvo un puesto en el Departamento de Aduanas de Boston. De esta forma se convirtió en el sostén de su familia, y siguió siéndolo hasta que los hermanos más pequeños fueron capaces de desenvolverse por sí mismos.

Pero la vida de un funcionario de aduanas no podía satisfacer durante mucho tiempo el deseo de actividad de ese joven, así que al cabo de tres años empezó a trabajar en una oficina de seguros del North End. Pronto tuvo lo suficiente para casarse con Mary Josephine Hannon. Se casaron en 1889.

Cuando nació Rose, al año de haberse casado, John Francis había ingresado en el círculo político local. Pronto fue elegido concejal de Boston y luego senador del Estado. Más tarde, pasó a la Casa de Representantes de Estados Unidos. Era el único demócrata y el único católico. Fue reelegido dos veces y su permanencia en el Congreso duró de 1895 a 1901.

Cuando dejó el Congreso, John F. compró un pequeño semanario de Boston, llamado *La República*. Ya había decidido convertirse en alcalde de la ciudad, y aunque no tenía ninguna experiencia en el campo del periodismo, aprendió con rapidez.

Mary Kickey, abuela paterna de John F. Kennedy.

En 1905 anunció su candidatura oficial como alcalde de Boston, y consiguió resultar elegido.

Con el paso de los años, la hija mayor de John Francis Fitzgerald se convirtió en una joven dulce y hermosa, de carácter decidido y con las ideas muy claras acerca del mundo que la rodeaba. Precisamente por este último motivo adquirió fama de intelectual y sabihonda. Aunque formaba parte de una familia de seis hermanos, ella era la preferida de su padre. Era alta y esbelta, y había asimilado parte del carácter de su madre, que había sabido inculcar a su progenie firmes y profundas convicciones religiosas. Su hija Rose había heredado su espíritu sereno, mientras que de su padre había adquirido su aguda curiosidad. A los quince años se había graduado en la universidad, y luego había ingresado en un colegio de religiosas para completar otros estudios.

Joe Kennedy y Rose se veían secretamente, pues al padre de la muchacha no le gustaba que ella tuviera relaciones con el joven, ya que consideraba a la familia Kennedy considerablemente inferior para la posición que deseaba para su hija.

En enero de 1911, los Fitzgerald dieron una fiesta con motivo de la puesta de largo de Rose. A dicha fiesta asistieron cuatrocientos invitados, entre los cuales se encontraba el joven con el cual los padres de Rose pretendían casarla. La muchacha era, por aquel entonces, la joven más hermosa y codiciada de Boston.

Más adelante, ya en pleno verano de aquel mismo 1911, los Fitzgerald emprendieron un largo viaje por Europa.

Mientras tanto, los estudios de Joe Kennedy tocaban a su fin. Durante aquel tiempo se había dedicado al periodismo, encargándose de la sección de las noticias de sociedad de un diario local, y los ingresos que ello le proporcionó no fueron despreciables en absoluto. Fracasó, sin embargo, en los estudios comerciales, viéndose obligado a abandonarlos antes de suspender el curso. El interés del joven se centraba en conseguir dinero de la forma más rápida posible, dejando de lado las teorías y los libros de texto. Los objetivos de su vida —riqueza, poder y fama— empezaban a perfilarse, y a fin de lograrlos usó todas sus facultades físicas y morales.

CAPÍTULO IV

DE BOSTON A NUEVA YORK

Empieza la fortuna de los Kennedy

Después de graduarse en la universidad, Joe Kennedy quiso labrarse un porvenir en aquella ciudad fría y austera, donde la mayor parte de las fortunas se habían conseguido a través del llamado «comercio triangular», que había consistido, siglos antes, en el trueque de ron por esclavos en África, para venderlos en América y, ya de regreso a Boston, transportando melaza. La industria textil había prosperado en Maine y Rhode Island, en cuyas fábricas trabajaban hijos de campesinos y agricultores, algunos de los cuales se habían convertido en los dueños de todo el algodón de la zona. Los capitales conseguidos habían servido para dar un tremendo impulso económico al país, y cuando Joe Kennedy hizo acto de presencia en el ambiente social de Boston, todas las plazas estaban ya ocupadas, y aunque cabía la posibilidad de hacer dinero, pronto comprendió que además de talento para abrirse paso en el comercio, lo que verdaderamente importaba era el prestigio y la solidez de unas raíces familiares firmemente arraigadas y fortalecidas con bienes de fortuna bastantes para ejercer una influencia decisiva.

Por tanto, después de sopesarlo concienzudamente, Joe Kennedy se decidió por la Banca. Para ello utilizó la influencia de su padre y de otros personajes conocidos. Opositó para el cargo de inspector bancario oficial, que consiguió con un salario de quince mil dólares anuales. La cantidad no era excesiva, y el trabajo era, en cambio, agotador, mas pasado un tiempo observó que investigar en los negocios ajenos le llevaba a conclusiones sustanciosas.

Durante el verano de 1913 realizó su primer viaje al continente europeo, acompañado por algunos amigos, y al regresar trabajó en una compañía inmobiliaria en la que tenía puestos unos ahorros. Cuando finalizó la Primera Guerra Mundial aquella inversión le había producido una considerable cantidad de dinero, por lo que al poco tiempo pudo ver realizado su sueño de convertirse en presidente de un modesto Banco, siendo el más joven banquero de Massachussets. Aquellos progresos modificaron la opinión que de él tenía John F. Fitzgerald, quien ya no puso reparos a la boda de Joseph con su hija.

Boda de Joseph Patrick y Rose

La boda entre Rose Fitzgerald y Joseph Patrick Kennedy se celebró en octubre de 1914, en la capilla privada de la familia, y bendijo la unión el cardenal O'Connell. Después del viaje de luna de miel, los recién casados se instalaron en el barrio de Brookline, ocupando una casa cómoda, aunque sin demasiadas pretensiones.

Pasado un año vino al mundo el primer hijo del matrimonio, Joseph Patrick Kennedy Jr., al que siempre llamaron Joe, como su padre.

Mientras, Joseph Kennedy —padre— se había hecho director de una compañía dedicada a proteger a los pobres de la codicia de prestamistas sin escrúpulos, llamada la «Collateral Loan». Mas, no contento con ello, aceptó la propuesta de un amigo que le ofreció el cargo de ayudante de director de una empresa de construcción de buques. La guerra europea seguía su curso y la industria naviera cobraba perspectivas halagüeñas. Kennedy trabó conocimiento con Franklin Delano Roosevelt, relacionado también con los armadores por ejercer el cargo de ayudante del secretario de Marina. Se trataba, según relata Kennedy, de un individuo exigente y de mal carácter.

Cuando llegó al mundo Joe Kennedy Jr., su padre obtenía numerosos beneficios en distintos negocios, entre los que ahora se contaba también una cafetería. Posiblemente debido a ello no se presentó voluntario cuando Estados Unidos entró en la Gran Guerra, lo que ocasionó numerosas críticas, aunque supo soslayarlas asegurando que su trabajo como armador había contribuido en buena parte a la victoria. Cuando se firmó el armisticio, el negocio decreció, pero no se desalentó, pues buscó nuevos campos donde desarrollar su energía y los encontró en la Bolsa. Después de unos meses de aprendizaje se convirtió en un experto especulador. La prosperidad de los Kennedy llegó a ser tal que tuvieron que mudarse de casa, yendo a ocupar una de doce habitaciones en Naples Road.

La familia, por aquel entonces, había aumentado con la llegada de John Fitzgerald, nacido el 29 de mayo de 1917. En septiembre de 1918 nació Rosemary, mientras que en 1920 lo hizo Kathleen y en 1921 Eunice.

Aparte de la servidumbre normal —veintitrés criados y tres chóferes—, Rose disponía de una niñera y una institutriz, y en sus raros momentos de ocio podía verse al activo negociante Kennedy empujando un cochecito por el cercano parque.

A pesar de esto, la vida en el hogar giraba alrededor de Rose, una mujer tan consciente de sus deberes que era capaz de interrumpir cualquier distracción para regresar a casa a dar de comer a los niños o cuidarles en sus necesidades. Solía vérsela rodeada de su prole, yendo a la iglesia a orar, costumbre que nunca abandonó, ya que a su juicio, ser cristiano no consistía simplemente en asistir a la celebración de la misa los domingos. A sus hijos les imponía una disciplina a la antigua usanza y no tenía inconveniente en darles una paliza si consideraba que se habían hecho acreedores de ella. Por su parte, Joe Kennedy entendía la severidad a su manera, exigiendo mucho en los estudios y haciendo sentir siempre su suprema autoridad. Pero, aparte de esto, era un hombre jovial que en sus ratos libres gustaba de llevar a sus hijos a remar a un estanque, a visitar el parque zoológico o a ver un partido de rugby o de béisbol.

Los negocios seguían prosperando, pero la calle Mayor de Boston estaba muy lejos de Wall Street, centro mundial de la Bolsa y lugar de reunión de las grandes fortunas. La prosperidad que siguió a la guerra se reflejaba en la difusión de un verdadero torrente de nuevos productos de reciente invención, los cuales, convenientemente industrializados, eran servidos a un público ávido de novedades. Teléfonos, neveras, fonógrafos, radios, automóviles, eran los productos que más demanda tenían, y su fabricación exigía grandes capitales, pero se veían claramente superados por los beneficios que rendían.

En 1921 nació Patricia. En aquella época, Joe Kennedy intervino en una nueva actividad de reciente creación que estaba acaparando el interés de las masas y produciendo gran cantidad de dinero: el cine. También tuvo la feliz iniciativa de convertir su caudal como base para una posición social segura tanto para él como para sus hijos, y a tal efecto creó un fondo, el primero de una serie de tres, con destino a su familia, bajo la administración de Rose. Según los términos de dicha provisión, cada uno de sus siete hijos —en 1925 había nacido Robert—, recibirían la renta correspondiente a un millón de dólares cuando cumplieran veintiún años. La cifra sería igual para cada uno ellos, y en edad más avanzada, a los cuarenta y cinco años, todos serían favorecidos con una parte de la mitad del capital acumulado. Pero éste no quedó nunca estático, sino que sufrió incrementos sustanciales, con el resultado de que después de completarse con otros dos fondos similares, cada uno de los hijos de Joseph Patrick Kennedy tendría derecho a diez millones de dólares.

Sin embargo, a pesar de poseer una fortuna tan espectacular, los prejuicios sociales todavía seguían amargando la vida de Joe Kennedy. Sus hijas debían pasar numerosas veces por la humillación de ver cómo se las ignoraba en las fiestas de sociedad y, aunque esto no les importaba gran cosa a ellas, a su padre le molestaba en gran manera.

Finalmente, cansado de semejante situación y considerando Nueva York mejor campo de acción para sus negocios, decidió trasladarse a dicha ciudad con su familia. En la primavera de 1926 los Kennedy se instalaron en el barrio residencial de Riverdale.

La compañía cinematográfica de la que Joe Kennedy fue nombrado presidente poco después era la Film Booking Office, y cuando se hizo cargo de la misma la encontró bastante desorganizada. No obstante, pronto la dejó en condiciones de producir cincuenta películas al año, aunque ello resultaba insignificante en comparación a las actividades de la Metro Goldwind Mayer o de la Paramount Pictures. Como era costumbre en él, Joe Kennedy había aparecido en escena en el momento más oportuno y aunque por entonces sólo causaba sensación en su oficio de banquero, pronto empezó a conseguir resultados positivos también en el cine. La compañía cinematográfica se especializó en películas del Oeste y melodramas, que resultaban baratos y atraían a un buen número de espectadores.

Entre tanto, los hijos se iban haciendo mayores y tanto Joe como John —cariñosamente llamado Jack—, que contaban once y nueve años respectivamente, estaban en condiciones de expresar su opinión en materias tan importantes como la popularidad de algunas estrellas cinematográficas, lo que a su vez orientaba a su padre en favor de contratar a algún actor determinado para sus películas.

Las exigencias de aquella actividad cinematográfica hicieron que Joe Kennedy tuviera que desplazarse en numerosas ocasiones a Hollywood, donde había alquilado una casa. Allí pasaba a veces semanas enteras sin ver a su esposa ni a sus hijos, que con el nacimiento de Jean en febrero de 1928 eran ya ocho.

Por otro lado, la casa se les había quedado pequeña, por lo que se trasladaron a una mayor, esta vez en Bronxville. Este nuevo hogar era una mansión espaciosa y elegante, situada en medio de amplios prados y jardines, que había costado la friolera de doscientos cincuenta mil dólares.

Ahora tanto Joe como Jack podían traer a sus amigos sin miedo a molestar, y con frecuencia organizaban entretenidos partidos de fútbol o de béisbol.

Mientras, Joe Kennedy, siempre que podía, se interesaba por los progresos escolares de sus hijos, visitando a los profesores y recibiendo informes, que por lo general eran bastante satisfactorios. Su hijo mayor, Joe Jr. era de inteligencia notable, poseyendo además una firmeza de carácter a toda prueba. El segundo, John Fitzgerald —Jack—, sobresalía sobre todo en Historia, sin sospechar todavía que con el paso del tiempo iba a desempeñar un papel importantísimo en la misma.

Estados Unidos estaba viviendo los últimos destellos de esplendor provocados por los denominados «felices años veinte» que abarca la década de 1919 a 1929. Etapa próspera y alocada que buscó en el bienestar el olvido de los quebrantos de la guerra pasada. Fue una etapa de fugaz y delicada brevedad, llena de inquietudes artísticas, de ensayos literarios y de ansias de darle un nuevo sentido a la vida, rompiendo todos los moldes de la vieja moral. Un conjunto de características cuya aparente contradicción es igualmente representativa de la época.

Surgen estas contradicciones de la profunda quiebra de los valores sociales, ideológicos y religiosos y de las divergencias entre los diversos grupos raciales, económicos, culturales y generacionales de la sociedad norteamericana. Si cualquier tiempo registra el enfrentamiento entre lo viejo y lo nuevo, el choque es particularmente sensible en los años veinte. La oposición entre valores antiguos y nuevos, entre nostalgia y modernismo y entre sumisión y rebeldía define la compleja singularidad de aquel momento histórico.

La década de los veinte abrió el surco del transporte aéreo, revolucionando el concepto de distancia, cambió también el mundo de la comunicación con el desarrollo de la radioaudición, cuyo inventor, aunque de origen italiano, será en los EE.UU. donde pronto alcance mayor desarrollo. Popularizó el automóvil, creando una nueva civilización rodada gracias a Henry Ford y extendió las aplicaciones domésticas de la electricidad, sentando las bases de la futura sociedad de consumo.

La industria cinematográfica se instala al sur de California, por su clima templado y seco, que facilita el rodaje de exteriores. A principios de los años veinte, el barrio de Hollywood, en Los Angeles, donde radican los estudios más importantes, simboliza el mundo del cine, como Madison Avenue el de la publicidad y Detroit el de los coches.

Lo mismo que la radio, el cine unifica gustos e intereses. Al ser costoso de producir —con sus estrellas muy bien pagadas— las películas se distribuyen por todo el país logrando una aceptación cada vez más creciente. Pronto serán exportadas a Europa, y Hollywood se tranformará en la meca mundial del cine: sus películas no tienen rival en cantidad, distribución y audiencia.

Fue entonces cuando la tierra del dólar se lanzó a la más delirante e inconsciente búsqueda del beneficio especulativo, a la conquista del dinero fácil mediante el uso y abuso del crédito y pronto, cuando menos parecía imaginarlo, el frágil sueño de la *prosperity* se convirtió en la pesadilla de la depresión hundiendo al país y con él a todo el mundo, en la más espantosa crisis económica de la historia.

Patrick, el abuelo paterno, inició la trayectoria política del clan Kennedy.

35

CAPÍTULO V

EL CLAN SE DISPARA HACIA EL ÉXITO

Desde que se habían trasladado a vivir a Nueva York, la vida había experimentado un gran cambio en el hogar de los Kennedy. El padre se ausentaba cada vez con mayor frecuencia, y Rose, la madre, tenía a su cargo la tarea de educar y unir a la familia. Insistía en hacerlo todo por sí misma: mantenía conversaciones con sus hijos mayores mientras la niñera y la institutriz atendían a los más pequeños; les leía libros que consideraba adecuados para ellos; los llevaba de compras por las tiendas y les acompañaba en sus excursiones.

Seguía levantándose muy temprano todas las mañanas, para asistir a uno de los primeros Oficios en la más próxima iglesia católica, a fin de poder estar de nuevo en casa cuando los mayores se iban a la escuela.

El más travieso de sus hijos era Robert —Bob—, quien recibía regularmente azotainas propinadas por la propia Rose, que consideraba que debía tener mano dura para que la prole no se desmandara.

Aunque las cosas no se hacían a toque de campana, sí estaba la vida familiar regulada de tal forma que nadie intentaba traspasar los límites establecidos, de tal modo que Rose nunca interfirió en las actividades de su esposo, quien por otro lado nunca daba explicaciones en lo que respecta a sus negocios. Hasta tal extremo era esto así que Rose incluso no se enteró de que su marido estaba trabajando en asuntos cinematográficos hasta dos años después de haber empezado a tratar con la industria del cine. Nunca tuvo una idea exacta de las condiciones de su trabajo o de la exacta denominación de las empresas. Habían acordado no hablar de dinero durante las comidas, y lo cumplían a rajatabla. Para Joe Kennedy lo básico era simplemente que nunca faltara dinero para atender las necesidades de aquella familia tan numerosa.

Sin embargo, Rose se preocupó de que sus hijos se acostumbraran a las vicisitudes de la vida y no cayeran en la tentación de creer que el bienestar estaba garantizado y que todo lo tenían resuelto por pertenecer a una familia rica. Por ello, los Kennedy nunca dieron a sus hijos cantidades excesivas de dinero. Al principio esto se aceptó de buen grado, pero conforme los mayores empezaron a tener amistades, sus demandas de dinero se hicieron más apremiantes. Cuando Jack ingresó en los *boy scouts*, el futuro presidente solicitó a su padre un aumento de su asignación de 40 centavos, cantidad que no era suficiente para la adquisición del equipo que precisaba. Si consideramos que el chico poseía una fortuna considerable en forma de legado, no deja de resultar paradójico que se sintiera un pobretón entre sus compañeros.

La rivalidad entre dos hermanos

Por otra parte, Jack sufría bastante por la preferencia de que se hacía objeto a su hermano mayor Joe, fuerte, atractivo y audaz en sus juegos e iniciativas. Poseedor de una gran personalidad, era un verdadero estímulo para sus hermanos menores, aunque especialmente lo era para Jack, que, incluso siendo de constitución más frágil, a lo largo de su infancia y adolescencia disputó al hermano mayor la primacía en todo lo que emprendían, aunque sin poder conseguirla.

A veces la rivalidad entre los dos hermanos mayores adoptaba matices violentos. Sus peleas a puñetazos ponían en fuga a los demás hermanos que, horrorizados, corrían a refugiarse en sus habitaciones. Pero las posibilidades eran escasas para Jack, quien y acababa casi siempre derrotado, lo que le producía amargura. De aquella época llegó a comentar: «Mi hermano Joe tenía un temperamento belicoso. Más adelante se tranquilizó un poco, pero aquello constituyó para mí un problema en mi infancia».

En las disputas y luchas de Joe con Jack intervenían de modo activo sus cinco hermanas, Rosemary, Kathleen, Eunice, Patricia y Jean, así como los niños más pequeños, Bobby y Teddy. Entre ellos y sus amigos formaban dos equipos y jugaban en el prado de la casa. El lema de la familia —instaurado por su padre— fue siempre: «Ante todo vencer; ser los primeros.» Y ellos lo intentaban por todos sus medios. Pero lo peor de todo es que procuraban serlo dentro de la propia familia, de ahí la rivalidad entre Joe y Jack, a la que, más tarde, se les unió Bobby.

El padre contemplaba aquellas pugnas con cierta complacencia, convencido de la idea de que los más fuertes debían imponerse por derecho propio, y admirando sobre todo al mayor, al que consideraba su vivo retrato. Nunca intervino en sus peleas, y dejó que los conflictos se solucionaran por vía natural, aunque animando a todos a unirse contra los enemigos exteriores, cuando fuera necesario, en vez de gastar sus energías en conflictos de poca monta.

Deportes y lectura

Hasta 1928 la familia estuvo en constante movimiento, sin echar raíces en ninguna parte. Pero en aquel año la familia Kennedy adquirió una hermosa casa en las proximidades de Cape Cod. La casa era blanca, con persianas verdes y estaba enclavada en el pueblo de Hyannis Port. Había sido construida a principios de siglo, y era muy espaciosa, teniendo quince habitaciones y nueve cuartos de baño. Estaba situada sobre un acantilado desde el cual se dominaba un amplio paisaje. En la playa había un pequeño muelle deportivo donde los residentes guardaban sus embarcaciones. La de John Kennedy era un pequeño balandro bautizado con el nombre de *Victura*, palabra latina cuyo significado es «vencer».

El cabeza de familia no abandonó jamás el empeño de inculcar a sus hijos la obsesión de ser siempre los primeros en todo. Y las niñas no se quedaban al margen, tomando todos parte en pruebas de natación y navegación a vela. Sin embargo, había alguien en la familia que no podía competir como los demás: Rosemary, la hermana mayor, que había nacido con una grave deficiencia mental. Tardó mucho tiempo en aprender a andar y a pronunciar palabras. Las consultas a los médicos dieron poco margen de esperanza. Pronto se hizo evidente que nunca lograría ponerse al nivel de los demás hermanos, y se habló de recluirla en un sanatorio; pero la familia, y en especial el padre, se opusieron con tenacidad, diciendo que en ningún lugar podría estar mejor atendida que entre los suyos.

Jack, por su parte, se aficionó pronto a la lectura. Cuando no estaba jugando con sus hermanos o amigos se le veía siempre con un libro en las manos. Su madre contaba que nada le hacía tan feliz como ser el primero en leer el periódico, y mientras leía, se concentraba de tal forma en la lectura que no se daba cuenta de lo que sucedía a su alrededor.

El *crack* de la Bolsa de Nueva York

Entre tanto, Joseph Kennedy seguía afanándose por incrementar sus negocios. En 1928 tenía a su cargo tres organizaciones de espectáculos, lo que le obligaba a trabajar más de catorce horas diarias. Fue por aquella época cuando contrató a la famosa estrella Gloria Swanson, que era considerada la reina de Hollywood y ejercía un gran influjo sobre las mujeres.

En mayo de 1929 la familia tuvo el inmenso dolor de perder al abuelo Patrick Joseph, fallecido en su Boston natal a la edad de setenta y un años. Al contrario de su hijo, se había mantenido fiel hasta el final a aquel rincón de la ciudad donde había transcurrido su vida, y nunca sintió el deseo de abandonar el distrito isleño aunque admirase los éxitos de su hijo.

El futuro para los Kennedy parecía más brillante que nunca; no obstante, cuando Herbert Hoover fue nombrado presidente en 1929, apenas empezada su administración, el país sufrió la mayor catástrofe de toda su historia. En el otoño de 1929 el mercado de valores se vino abajo repentinamente. Millones de personas perdieron su dinero, y el descalabro no sólo afectó a los capitalistas sino a las gentes modestas que cada mes depositaban sus ahorros en los Bancos. La mayoría de éstos se declararon en quiebra, muchas fábricas tuvieron que cerrar y los negocios se paralizaron por completo. Y aunque los directivos de la economía trataron de fomentar la confianza aduciendo que se trataba de dificultades pasajeras y que todo volvería a la normalidad en poco tiempo, las cosas fueron empeorando de tal forma que, a finales de 1930, más de seis millones de americanos se encontraban sin trabajo. La causa de aquel hundimiento fue la excesiva confianza otorgada a los especuladores, los cuales trabajaban con márgenes excesivos y dejaron en un momento dado de contar con los créditos que les permitían seguir operando a la vez que iban enjugando sus deudas. El pánico se apoderó de la Bolsa de Wall Street donde se produjo un auténtico frenesí por vender. Los mercados se hundieron, provocando el paro y eliminando todo deseo de comprar. Mientras el presidente intentaba convencer a los industriales para que mantuvieran los salarios, largas colas empezaron a formarse en las organizaciones encargadas de repartir víveres y la miseria comenzó a asolar el país.

Sin embargo, al contrario de lo que sucedió a millones de familias, las cuales se vieron repentinamente privadas de sus recursos, los Kennedy no sufrieron molestias dignas de mención. Y aunque el número de parados aumentaba y en las ciudades y en el campo muchas personas tuvieron que abandonar sus hogares, la mansión del financiero siguió funcionando como de costumbre, gracias a su previsión. En 1930, cuando la depresión económica se hallaba en su punto álgido y cuando la mayor parte de americanos sufrían las terribles calamidades de la crisis económica, John Fitzgerald Kennedy se encontraba estudiando, en la escuela Canterbury, sin que ni él ni los suyos padecieran las consecuencias de la crisis.

Pero aunque su situación permaneciera inalterable, Joseph Kennedy no dejaba de preocuparse por el futuro, y aunque no se dedicaba en absoluto a la política y era demócrata por tradición familiar, empezó a alarmarse por lo que sucedía, y en 1930, a instancias de Morgenthau, decidió declararse partidario de Roosevelt, su adversario de los tiempos de armador, y apoyarle en su campaña electoral. Más adelante declaró que lo consideraba hombre de gran valía y que si deseaba verlo en la Casa Blanca era porque creía que contribuiría a la seguridad de todos y, por consiguiente, de su propia familia. De esta forma, Joseph Kennedy pasó a formar parte del equipo de personas ricas e influyentes que tanto contribuirían al triunfo de Roosevelt. Su influencia fue decisiva, ya que no sólo alentó a otros muchos para que prestaran su apoyo al futuro presidente, sino que se convirtió en consejero suyo.

No obstante, como en tantas otras ocasiones, Joseph Kennedy no obraba con desinterés, y si se tomó tantas molestias fue porque creía que le serían recompensadas. Cuando Roosevelt consiguió la victoria, Kennedy celebró el acontecimiento como si se tratara de un triunfo personal, y organizó una fabulosa fiesta en el hotel Waldorf

Astoria que tuvo su continuidad en Florida con la asisten-
cia del recién elegido primer magistrado de la nación. Pero
las esperanzas de Kennedy se vieron frustradas, ya que,
aunque todos cuantos habían apoyado a Roosevelt recibie-
ron a su debido tiempo nombramientos y cargos públicos,
él fue olvidado por completo, lo que hirió profundamente
su orgullo. A pesar de ello, no se desanimó en absoluto y
volvió a sus negocios.

La Bolsa empezaba a activarse otra vez, aunque algunas
de las operaciones eran simples engaños, como en el caso de
quienes compraban y vendían sus propias acciones para dar
impresión de actividad.

Por aquellos días, Joseph Kennedy se había hecho amigo
del hijo de Roosevelt, Jimmy, el cual estaba ansioso de dinero
y de influencia política, y tenía como objetivo el cargo de
gobernador de Massachussets. En septiembre de 1933, el
matrimonio Kennedy efectuó un breve viaje a Europa en el
que fueron acompañados por Jimmy y su esposa.

La «prohibición» que impedía el consumo de bebidas alco-
hólicas en Estados Unidos, venía funcionando con suma dificultad debido al rechazo del país a aceptarla de manera absoluta. Proliferaban las destilerías clandestinas y las tabernas
donde se vendía alcohol ilegalmente, de lo que se aprove-
chaban bandas criminales dispuestos a extraer provecho de
aquella confusa situación. La oleada de *gangsters* que sufrió
Estados Unidos en los años treinta tuvo, precisamente, su origen en la Ley Seca. Roosevelt inició rápidamente las gestio-
nes para terminar con aquel estado de cosas y en los medios
más informados estaban convencidos que aquella impopular
ley sería pronto abolida.

Consciente de ello, Kennedy aprovechó el viaje a Europa
para establecer contactos con algunas destilerías inglesas,
iniciando negociaciones que dieron como resultado su
nombramiento como representante de la firma Haig,

exportadora de whisky, así como de algunas marcas de licores y ginebra.

La recién creada compañía Somerset Importer, de la que Kennedy era presidente, empezó a llevar a Estados Unidos miles de cajas de licor, gracias a una licencia especial que calificaba la bebida como «artículo medicinal», según licencia expedida a favor del importador en Washington. Gracias a este ardid, muchos meses antes de que fuera abolida la Ley Seca, Kennedy tenía almacenadas miles de botellas. Aunque siempre negó que la Administración le hubiera apoyado en su negocio de licores, este comentario era común entre sus conocidos. Mientras tanto, seguía pretendiendo un buen cargo en la Administración Roosevelt, y finalmente obtuvo la presidencia de la Security and Exchange Comission, cargo de responsabilidad, para el cual el presidente le creyó capacitado.

Mientras esto sucedía en las altas esferas de Estados Unidos, en Europa Hitler iba afianzando poco a poco su situación, eliminando cuantos obstáculos se oponían a su escalada en el poder. No obstante, todo esto se comentaba en América de forma superficial, centrándose la atención más en los detalles pintorescos que en la verdadera raíz de la cuestión.

Joseph Kennedy seguía trabajando en su cargo de presidente de la Security and Exchange Comission. Llegaba a su despacho a las ocho y media de la mañana y salía de él a las seis de la tarde, llevándose en su cartera material para revisar. Llegó a agotarse de tal forma que el presidente, en un rasgo compasivo, lo envió de vacaciones a Florida, a la casa que los Kennedy habían construido allí, la tercera de las propiedades de la familia. La casa en cuestión se alzaba en una gran avenida de Palm Beach y era de estilo colonial español. Tenía seis habitaciones y costó cien mil dólares. Además, se la habilitó para albergar a todo el clan.

Su abuelo materno, John F. Fitzgerald, llegó a alcalde de Boston.

La familia ya estaba acostumbrada a los cambios de residencia, y se sentían a gusto lo mismo en un sitio que en otro. Lo importante para ellos era que no faltara el afecto que los unía a todos, lo que se hacía más patente cuando, después de una prolongada ausencia del padre, volvían a reunirse.

La vida privada de los Kennedy fue siempre objeto de gran curiosidad por parte de los periodistas americanos, y los detalles referentes a la misma fueron divulgados ampliamente hasta el punto de que en ocasiones se hizo preciso poner impedimentos a la prensa, instando a los informadores a comportarse con más seriedad. Los Kennedy tenían el privilegio y el prestigio de poseer una gran fortuna, y al tiempo eran personas de gran simpatía.

Aquella unidad compacta que era el clan Kennedy se vio incrementada en febrero de 1932 con el nacimiento de Eddie Moore, su noveno hijo. John Kennedy intentó, a partir de entonces, pasar más tiempo entre los suyos, y aprovechaba cualquier momento de asueto en los negocios para trasladarse a su casa desde cualquier punto de Estados Unidos, sobre todo, si en ocasión de alguna fiesta o competición deportiva creía que su presencia podía contribuir a animarles para salir vencedores. A su juicio, estos detalles eran de gran importancia, ya que contribuían a prestar a sus hijos la sensación de tenerle presente cuando más lo necesitaban. Dejó, incluso, sus negocios cinematográficos para dedicar más tiempo a los suyos.

Los estudios de Joe y Jack

Hubo algunas discrepancias entre el matrimonio con motivo de elegir nuevas escuelas para los hijos. Rose pretendía que estudiaran en centros católicos, pero el marido opinaba que ya recibían suficiente instrucción religiosa en la iglesia y que ampliarían mucho mejor su conocimiento del mundo asistiendo a escuelas laicas o incluso protestantes. Finalmente se llegó a un compromiso entre ambas tendencias, y se envió a las niñas a escuelas católicas mientras que los varones ingresaron en establecimientos no religiosos. El mayor, Joe, fue a estudiar a Choate, una escuela preparatoria situada en Connecticut y regida por episcopalistas. Esta escuela estaba considerada como de gran categoría y sólo tenían acceso a ella los hijos de familias yanquis muy acomodadas.

John Fitzgerald —Jack— siguió estudiando en el colegio de Canterbury. Ésta fue la única escuela católica a la que asistió, y estuvo en ella un año solamente. En numerosas ocasiones recordó siempre el ambiente religioso que allí imperaba. Tenían una capilla y asistían cada mañana y cada tarde a servicios religiosos, lo que resultaba muy del agrado de su madre. Al principio, Jack se sintió bastante solo, pero poco a poco se fue acostumbrando, y el colegio terminó por resultarle muy atractivo. No era muy buen estudiante, y las peores asignaturas para él eran el latín y la química.

Al contrario de Jack, su hermano Joe fue siempre un estudiante muy aplicado y se hizo famoso en la escuela tanto por sus notas —que eran siempre excelentes— como por sus triunfos en el deporte. Esto último motivaba la envidia de Jack, quien nunca pudo figurar en los primeros equipos a pesar de la buena voluntad que ponía en ello.

En otoño de 1930, en plena crisis económica, Jack seguía ya con interés desde el colegio las noticias del mundo exterior. Así, en sus cartas, le pedía a su padre que le mandara los periódicos que pudiera.

Poco antes de terminar las vacaciones de Pascua de 1931, Jack sufrió un ataque de apendicitis y se le tuvo que operar urgentemente. Aquello motivó una interrupción en sus estudios, y no pudo continuar el curso en Canterbury.

Cuando finalizaron las vacaciones estivales, su padre se empeñó en que los dos hijos mayores asistieran a la misma escuela, lo que dio fin a la independencia de Jack, que tuvo que trasladarse a la escuela de Choate, cayendo de nuevo bajo la influencia de su hermano mayor.

El paisaje en Choate era muy típico de Nueva Inglaterra, con extensos prados, caminos sombreados y altos olmos. Jack se alojaba en una vieja casa de madera, en la habitación contigua a la del subdirector. Los inconvenientes que esto ofrecía, quedaban, en realidad, compensados los domingos por la noche, cuando la esposa de aquél cocía sus famosos pasteles.

De vez en cuando, Jack tomaba parte en alguna gamberrada colectiva, pero en general nunca fue un alumno difícil.

No obstante, Jack, dondequiera que estuviese, tanto en casa como en el colegio, siempre sentía el peso de la constante preocupación de su padre, que quería verlo superarse siempre, especialmente en sus estudios. Las cartas a sus padres estaban llenas de excusas por sus poco brillantes calificaciones y por su mediocre lucimiento en los deportes. También tenía a Joe a su lado, para recordarle constantemente que él sacaba excelentes calificaciones y conseguía siempre trofeos deportivos.

Sin embargo, a pesar de la saludable influencia de Joe, Jack siguió mostrándose distraído y desorganizado. Su madre tuvo que escribir varias veces a la enfermera, miss Potts, rogándole que atendiera expresamente que el muchacho no olvidara tomar sus medicinas. Mientras su hermano ganaba trofeos y coleccionaba notas excelentes, él recibía las admoniciones de sus profesores, quienes en sus informes a los padres no dejaban de insistir en que era capaz de mejorar, pero que no hacía gran cosa por conseguirlo. Se le achacaba, entre otras cosas, improvisación, falta de puntualidad y poco realismo y descuido general, ya que siempre perdía cosas.

Sin embargo, cuando se graduó, lo calificaron como un joven con posibilidades de triunfar.

Para Jack, en realidad, la competencia no era un concepto abstracto impuesto por el padre, sino que ésta tenía un nombre propio: Joe Kennedy.

Los hermanos Kennedy estaban imbuidos de un gran sentido de la responsabilidad, teniendo como modelo siempre al mayor, el cual, pasado el tiempo, debería convertirse en sustituto del padre.

Jack era el único rival que le disputaba su corona a Joe. Los dos mayores peleaban constantemente, pero Jack siempre parecía llevar las de perder. El padre se daba cuenta de la rivalidad existente entre los dos hermanos, pero no se preocupaba demasiado, siempre que las cosas no pasaran de unos límites razonables. Le gustaba el espíritu competitivo de la familia, siempre y cuando los chicos estuvieran unidos de cara a los forasteros.

En 1933 Joe se graduó por la escuela de Choate y su padre sugirió que fuese a Inglaterra para ampliar sus estudios en el campo de la Economía. Se matriculó en la famosa institución londinense dirigida por Laski, a quien el padre del joven tenía muy poco respeto, pero que le pareció mentor apropiado para que su hijo lograra una visión de lo que eran las personas contrarias al capitalismo. En 1934 Joe realizó un viaje a la Unión Soviética, acompañado por su profesor, quien manifestó que Joe estaba empezando a descubrir el encanto de las ideas. Charlaban con frecuencia, y en el curso de una de estas conversaciones, el joven dijo, medio en serio medio en broma, que pensaba dedicarse a la política para ser, con el paso del tiempo, presidente de Estados Unidos.

Cuando Joe Kennedy regresó a su país para ingresar en la Universidad de Harvard, demostró a las claras que, aunque la experiencia había resultado interesante, no le había afectado en lo más mínimo por lo que respectaba a sus ideas básicas.

No obstante, en lo superficial empezó a disentir de su padre con el que a veces discutía acaloradamente. Cierta vez fue secundado por Jack, hasta el punto de que su madre se alarmó. Pero Joseph Kennedy no perdió la calma y le indicó a su esposa que para él lo importante no era que le llevaran la contraria, sino que los dos jóvenes marcharan al unísono. En Harvard, Joe estudió Leyes, la misma carrera que seguirían sus otros hermanos.

Cuando Jack cumplió los dieciocho años y tuvo que empezar a cursar estudios superiores, dio un cambio notable. Por aquel entonces era un joven apuesto y seguro de sí mismo. Mostraba un estilo muy personal en su forma de vestir, pues su indumentaria corriente se componía de un grueso jersey y un pantalón de color caqui. En los estudios también se mostraba más maduro y preocupado por su futuro. Su último año en Choate fue verdaderamente extraordinario, y alcanzó las máximas calificaciones en los estudios, pudiéndose graduar en la primavera de 1935.

Aquel verano viajó a Londres para hacer un curso de verano en la misma Escuela de Economía donde antes había estudiado su hermano. Allí, Jack conoció a intelectuales, economistas y revolucionarios de todos los países. Pero tuvo la desgracia de caer enfermo de ictericia y tuvo que regresar precipitadamente a Estados Unidos.

Allí se matriculó en la Universidad de Princeton, pero de nuevo recayó en la enfermedad y tuvo que dejar temporalmente los estudios.

Cuando estuvo totalmente restablecido, no fue Princeton la Universidad que acogió a Jack; éste decidió matricularse en Harvard, donde también estudiaba su hermano Joe.

CAPÍTULO VI

MALOS TIEMPOS PARA EUROPA

**Joseph Patrick Kennedy, embajador
de Estados Unidos en Londres**

Las cosas, por aquel entonces, no marchaban muy bien para Joseph Kennedy en su cargo oficial, y en varias ocasiones estuvo a punto de dimitir. Kennedy volvió a colaborar con el programa de Roosevelt y éste, en 1936, obtuvo una de las mayores victorias electorales de la historia americana, siendo reelegido presidente. En otoño de 1937 el embajador americano en Londres cayó enfermo, y tuvo que regresar a Estados Unidos donde presentó su dimisión. Cuando Joseph Kennedy se enteró del suceso planteó a Jimmy Roosevelt la posibilidad de que él mismo fuera nombrado para el cargo.

Arthur Crock dio la noticia a la familia de forma extraoficial atribuyéndola a fuentes bien informadas en el mes de diciembre, y a principios de 1938 la noticia fue oficial. De la noche a la mañana Kennedy se convirtió en una celebridad dentro del campo de la diplomacia estadounidense.

Joseph Patrick Kennedy había sido nombrado embajador norteamericano en Londres y la noticia causó gran revuelo por múltiples razones, ya que ¿cómo no siendo diplomático de carrera, a pesar de ser demócrata, leal al presidente y multimillonario, podría salir airoso de las difíciles pruebas que se le iban a plantear en tan delicada misión? Una cosa era

51

negociar con los financieros y políticos en el propio país y otra muy diferente enfrascarse en los complicados vericuetos de los asuntos internacionales en una corte tan escrupulosa y tradicionalista como la británica.

Pero Joseph Kennedy estaba dispuesto a hacer honor a la confianza que en él depositaba Roosevelt. Iba a ser el primer irlandés católico que desempeñara una tarea de semejante magnitud, contraviniendo la tradición establecida de que el embajador fuese protestante y descendiente de ingleses o escoceses. La noción de prestigio que aquello confería a la familia superaba todas las previsiones de los Kennedy. Los tres objetivos de Kennedy —riqueza, poder y fama—, estaban a punto de cumplirse de una forma espectacular y brillante.

Entre el nombramiento de Joseph P. Kennedy como embajador americano en Inglaterra y su partida hacia dicho país transcurrieron seis meses. Todo estaba preparado para que la familia emprendiera el viaje, cuando Rose sufrió un ataque de apendicitis y se vio obligada a ingresar en una clínica para ser intervenida quirúrgicamente. Pero las cosas se prolongaron más de la cuenta y a finales de febrero de 1938, comprendiendo que ya no podía esperar más, Joseph Kennedy tuvo que marcharse solo. Cuando llegó a la capital británica se instaló en el magnífico edificio de la Embajada.

Una semana después de su llegada, tuvo lugar la ceremonia de presentación de cartas credenciales ante el rey Jorge VI.

A mediados de mayo llegaron a Inglaterra Rose y sus hijos Bob, Pat, Kathleen, Teddy y Jean, con lo que la popularidad de la familia adquirió su punto culminante. Al cabo de poco tiempo llegaron asimismo Rosemary y Eunice. Todos ellos ingresaron rápidamente en escuelas inglesas, a excepción de Kathleen, que contaba ya dieciocho años y que asumió la delicada tarea de ayudar a su madre en los asuntos oficiales.

La familia adquirió una villa en Cannes para disfrutar de breves períodos de descanso, mientras que los hijos mayores, Joe y Jack, proseguían sus estudios en Harvard.

Entretanto, el horizonte europeo se iba ensombreciendo de modo manifiesto y a compás de ello, Joseph Kennedy hacía sus primeras insinuaciones respecto a la decisión de América de permanecer neutral de darse el caso de que estallara un conflicto. La cuestión del apaciguamiento de Alemania llegó a su punto álgido en la primavera de 1938. Y fue natural que, considerando sus opiniones, el embajador se mostrara favorable a un acuerdo. Y es que la idea de una contienda horrorizaba a Joseph Kennedy.

Durante aquel verano de 1938, Joe y Jack se reunieron con su familia en Londres. Joseph se sentía satisfecho de sus hijos mayores, confiando en que éstos harían honor a la formación que de él habían recibido. Joe y Jack se llevaban sólo dos años y aunque dicho período de tiempo resultara apreciable en la infancia, no lo era ya tanto en la juventud y los dos se habían convertido en buenos amigos. El futuro presidente había cumplido ya los veintiún años, por lo que disponía del millón de dólares asignado por su padre para cuando cumpliese esta edad. Así, pues, John podía considerarse un joven rico e independiente. Por ello, en compañía de un amigo se dedicó a recorrer Francia, Italia e incluso se llegó a España que se encontraba en ese momento en plena Guerra Civil donde visitó algunas de las zonas de batalla, quedando muy sorprendido de la ignorancia que el pueblo americano demostraba hacia los trágicos acontecimientos de España.

Posteriormente en Italia fueron recibidos por el futuro papa Pío XII, entonces cardenal Pacelli.

Mientras tanto, los acontecimientos en Europa se sucedían a ritmo acelerado. Tras la anexión de Austria, Hitler puso sus ojos en Checoslovaquia, y cuando ésta fue ocupada también, después del acuerdo de Munich, y Chamberlain —primer ministro inglés— anunció que la situación se había arreglado, a las felicitaciones generales se unió también la de Kennedy. Aquel gran pacifista confiaba en que las aguas no salieran de su cauce ya que, a su juicio, cabía siempre la posibilidad de encontrar una fórmula que permitiera la coexistencia pacífica de la Alemania nazi con las potencias democráticas.

Sin embargo, la situación iba empeorando día a día. La ocupación de Checoslovaquia establecía a los alemanes en el centro mismo de Europa, y les confería hegemonía sobre dicho sector del continente, lo que provocaba que los restantes países no confiaran en absoluto en una paz duradera. Los efectos se hicieron sentir pronto en Joseph Kennedy, quien en algunas entrevistas con periodistas se atrevió a aventurar opiniones que no sentaron muy bien al presidente americano y que dieron como resultado que empezaran las tensiones entre Kennedy y el presidente. En las Navidades de 1938 se empezó a hablar de dimisión. Rose, que estaba en Saint Moritz disfrutando de unas vacaciones invernales, recibió la noticia desde la redacción de un diario inglés, pero como pocos días antes había hablado por teléfono con su esposo y él no le había insinuado nada, Rose declaró que no lo creía y que pensaba quedarse todavía mucho tiempo en Inglaterra.

Hasta cierto punto era natural que Rose opinara así, ya que estaba pasando una buena época en un país que siempre había considerado altanero y difícil. A cualquier parte donde concurría, la dama se convertía en centro de la atención general. La gente se desvivía por complacerla y halagarla. Se la alababa por su aspecto jovial y se decía que más que madre parecía la hermana de sus hijas mayores.

Aquella atmósfera de simpatía se extendía también a sus hijos. Cuando los mayores iban a visitarles a Inglaterra eran objeto de una verdadera persecución por parte de los periodistas. Kathleen, la segunda de las hijas, a la que llamaban cariñosamente Kick, se había convertido en primera dama de la joven sociedad americana en Londres. Había cumplido ya los dieciocho años, y tenía un carácter alegre y extrovertido. Muchos jóvenes ingleses se sentían atraídos por su encanto y disputaban entre sí el honor de acompañarla a su casa al finalizar alguna fiesta. Un día, en una reunión, conoció al primogénito del duque de Devonshire, que se llamaba William —aunque todo el mundo le conocía por Billy—. Las hermanas de Billy estudiaban en un colegio católico y él no había terminado todavía su preparación. Al principio, todo se redujo a cierta preferencia demostrada de manera sumamente discreta, pero con el paso del tiempo sus relaciones se iban a convertir en un idilio que acabaría por unirles definitivamente.

Mientras tanto, en Estados Unidos, Joe había terminado sus cursos preparatorios y se disponía a afrontar de lleno las incidencias de su carrera de abogado. Pero antes, su padre creyó oportuno hacerle viajar un poco más. Lo envió a la Embajada americana en París, desde donde hizo varias visitas a Praga llevando despachos diplomáticos a través de una frontera que se había vuelto peligrosa. También estuvo en Leningrado, Estocolmo, Copenhague, Varsovia y Berlín.Por su parte Jack se desplazó a España, visitando Valencia y Madrid, donde asistió a la entrada de las tropas nacionales, después de haber permanecido allí siete semanas. Jack también estuvo por las embajadas de Londres y París, cuando terminó sus estudios preliminares en Harvard. En 1939 visitó también en Rusia, Palestina y los Balcanes, lo que le permitió ver el panorama en Europa poco antes de que ésta se viera envuelta en la cruel guerra. Los dos jóvenes escribían largas cartas a su padre explicándole cuanto veían, y en algunas se precisaban detalles tan interesantes que Kennedy tuvo el honor de que el propio Chamberlain las alabara.

Durante el tenso verano de 1939 todo parecía indicar la proximidad de una catástrofe. Las cancillerías vivían en un estado de gran agitación mientras circulaban todo género de rumores acerca de la posición que adoptarían unos y otros en caso de que Alemania cumpliera la amenaza de atacar Polonia para apoderarse de Danzig. En una carta a su padre, Joe observó que el pueblo polaco estaba decidido a defenderse. Por su parte, los ingleses, poco a poco cambiaban de política, pues se veían prácticamente obligados a entrar en el conflicto. Joseph Kennedy cada vez estaba más excitado y nervioso. Las críticas que originaba su actitud se hicieron tan acerbas que planteó el problema de su dimisión, aunque Roosevelt logró disuadirle indicándole que tal como estaban las cosas no podían dar la impresión de temer desacuerdos entre ellos.

El presidente de los EE.UU., Franklin Delano Roosevelt (1882-1945), intentaba completar con éxito su famoso programa del New Deal que había puesto en marcha a raíz de su elección en 1932 (inicio de su mandato, marzo de 1933) y que había continuado después de su triunfal reelección en 1936 en la que obtuvo casi veintiocho millones de votos contra algo menos de diecisiete millones para el candidato republicano Landon. Roosevelt había ganado entonces en casi todos los estados, puesto que sólo se exceptuaron Maine y Vermont.

La puesta en marcha del New Deal, no había dejado de presentar problemas, ni de provocar resistencias. Una vez pasado el pánico de la caída bursátil y la consiguiente depresión, la industria norteamericana se había resentido duramente de las cortapisas que la nueva legislación ponía a su actividad y fueron muchas las empresas que declararon la guerra al intervencionismo del New Deal, calificándolo de programa socialista que se oponía al tradicional individualismo norteamericano y al no menos rutinario *laisser faire* («dejar hacer») liberal de la economía de los EE.UU. Muchos políticos conservadores se rebelaron contra la administración Roosevelt y

La abuela materna de John Kennedy, mujer de profundas convicciones religiosas.

el gobierno tuvo que enfrentarse con el Tribunal Supremo debido a que algunas disposiciones del New Deal parecían anticonstitucionales; y así se produjo una enconada controversia que afectaba a los principios básicos de la legislación norteamericana.

Roosevelt y su equipo no estaban dispuestos a tolerar que el Tribunal Supremo agitase el tema de la Constitución para atacar a una autoridad elegida por el pueblo, que incluso luchaba para salvar al país definitivamente de la crisis económica. Trató entonces de rebajar el límite máximo de edad para los miembros del Tribunal, ya que de este modo numerosos adversarios suyos en dicho órgano de Justicia deberían ceder su cargo a candidatos propuestos por la Presidencia. Tal proyecto de ley provocó enormes repercusiones en la opinión pública que lo consideró una tentativa para ejercer presión sobre el Tribunal Supremo, en flagrante contradicción con los principios esenciales del Estado americano. En tal coyuntura, Roosevelt se vio obligado a ceder terreno y el problema quedó luego resuelto cuando dos magistrados, adversarios del New Deal, cambiaron de criterio.

En 1933, Roosevelt había reconocido a la URSS, aunque manteniendo ciertas reservas, pero se inquietó sobre todo por las decisiones expansionistas de los regímenes totalitarios de Hitler y Mussolini. En octubre de 1937 los había atacado en sus discursos de la «Cuarentena» ofrecidos en Chicago, y en mensajes del 5 de abril y del 25 de agosto de 1939 intentó aplacar sus tendencias belicistas. Persuadido de que los EE.UU. no podrían quedarse al margen de una guerra europea, Roosevelt tuvo que dominar a la opinión pública aislacionista, que detestaba a Hitler, pero que contaba con que Francia e Inglaterra, pudieran hacerle frente.

Hizo votar en el Congreso una ley (septiembre 1939) que autorizaba la venta de armamento a los aliados beligerantes que pudieran pagarlo al contado y transportarlo. Después de la derrota de Francia obtuvo créditos para el rearme, el establecimiento del alistamiento y cedió cincuenta destructores a Gran Bretaña. Contra todas las tradiciones pidió y obtuvo un tercer mandato presidencial (noviembre de 1940). El ataque de los japoneses a Pearl Harbour (7 de diciembre de 1941) y la declaración de guerra a Alemania (11 de diciembre) le involucrarían directamente en el conflicto.

CAPÍTULO VII

GUERRA EN EUROPA

Hitler invade Polonia y se desata el conflicto

El embajador americano Kennedy partió hacia la Riviera francesa para pasar unas cortas vacaciones. Pero los acontecimientos se precipitaron. El 23 de agosto, Alemania y la URSS firmaron un pacto de no agresión, con lo que la primera quedaba en libertad de atacar por Occidente, guardando el frente opuesto. Desde Berlín, Jack escribió a su padre que la guerra estaba a punto de estallar. Y así fue. El 1.º de setiembre, los alemanes atacaron Polonia. El patriarca de los Kennedy seguía convencido de que Inglaterra no iba a participar en la guerra, y mucho menos aún, Estados Unidos.

El 27 de septiembre Polonia había sido conquistada por las tropas alemanas, y a finales de noviembre el embajador americano en Inglaterra fue llamado a Washington para celebrar unas consultas. En febrero de 1940 todavía permanecía en Estados Unidos, lo que hizo suponer que nunca regresaría a Gran Bretaña. Entre tanto, se había planteado la cuestión de un tercer mandato para Roosevelt, un caso único en la historia de Estados Unidos.

Cuando finalmente Kennedy regresó a Londres a principios de marzo, declaró que el pueblo americano se mostraba cada día más aislacionista. Estas palabras causaron mala impresión, y enfriaron todavía más sus relaciones con los ingleses, a los que siempre consideró buenos amigos. Mientras tanto, los alemanes habían emprendido la conquista de Dinamarca y Noruega, y en mayo de 1940 iniciaron la ofensiva contra Francia pasando por Bélgica y Holanda. La retirada inglesa en Dunquerque creó una situación difícil, y así hubo de reconocerlo el embajador americano.

Tesis sobre el apaciguamiento de Munich

John Fitzgerald Kennedy regresó a Estados Unidos para proseguir sus estudios en Harvard. En aquella época se dedicó a estudiar con tesón a fin de recuperar el tiempo perdido en sus viajes. Quería obtener las máximas calificaciones y preparó su tesis basándose en las impresiones recibidas en Europa y en el apaciguamiento de Munich. Había aprendido mucho durante aquel tiempo que había pasado por Europa como corresponsal de su padre en los diversos puntos del continente europeo. Según él, el apaciguamiento no era sino consecuencia de la lentitud de los ingleses para alterar su política de desarme. Para realizarla, había pasado casi once meses leyendo y repasando documentos, debates parlamentarios y comentarios de prensa. Se trataba de poner en claro las causas que habían provocado aquella crisis. En su análisis sobre la fría reacción británica al rearme alemán, establecía la conclusión de que fueron los grupos pacifistas y los partidos políticos los responsables del desafío germano. Según su teoría, Chamberlain había cedido en Munich por culpa de la general apatía que encontraba en su entorno. Según él, el pacto de Munich en sí mismo no debía ser el objeto de las críticas, sino más bien otros factores, tales como la opinión pública inglesa y la situación de los armamentos británicos, que llevaron a una situación que no pudieron evitar.

La tesis, que como hemos visto la compartía el propio presidente, contenía varios principios alarmantes, ya que afirmaba que las naciones democráticas, como Inglaterra y

Estados Unidos, deberían actuar como los Estados totalitarios para hacer frente a las exigencias de la guerra. En su análisis hacía patente el ejemplo inglés, los obstáculos hallados para su rearme y la necesidad de los gobiernos democráticos de moverse según la voluntad del pueblo. Y presentaba como polo opuesto el dinamismo del totalitarismo nazi para construir en muy poco tiempo una avasalladora maquinaria bélica.

Como condición básica para salvar a la democracia americana, propugnaba el rearme de su país. Consideraba que Estados Unidos no debía caer en la misma apatía en que había caído Inglaterra. Defendía la teoría de que en las democracias el pueblo debía colaborar con el gobierno con voluntariedad y, más que pensar en recibir de él debía pensar en qué podía hacer por él.

John Fitzgerald Kennedy, gracias a esta tesis, se graduó con brillantez en la Universidad de Harvard. Consiguió el ambicionado cum laude en Ciencias Políticas y su tesis fue declarada magna cum laude.

Jack publica su primer libro

Todos cuantos leyeron la tesis escrita por Jack le animaron a publicarla. Su padre estuvo de acuerdo, aunque le hizo algunas observaciones respecto a lo magnánimo que había sido con los políticos ingleses eximiéndoles de toda culpa.

Jack tuvo muy en cuenta las observaciones de su padre y rehizo el manuscrito antes de entregarlo a una editorial para su publicación. El libro se editó con el título de *Why England Slept* («Por qué se ha dormido Inglaterra»), y consiguió un notable éxito. Para un autor tan joven como él —contaba a la sazón veintitrés años— el hecho resultó una verdadera proeza. Pronto se vendieron ochenta mil ejemplares en América y este hecho le devengó unos beneficios de cuarenta mil dólares, con los que se compró un automóvil.

Su padre se encargó de que el libro de su hijo llegase a la reina de Inglaterra, a Churchill —a la sazón ya primer ministro— y al profesor de Economía Laski. Mientras en Estados Unidos Joe y Jack conseguían algunos éxitos, el primero ya en plena escalada política y el segundo como publicista, Joseph Kennedy empezaba a desacreditarse como embajador en Inglaterra. De alguna forma no consideraba a los nazis tan nefastos como a los comunistas y, contrariamente a lo que pensaba su hijo Jack, se mostraba francamente aislacionista y enemigo de que su país entrara en el conflicto. Consideraba perdida la causa de Gran Bretaña y daba por seguro que Alemania la aplastaría. Consecuencia de ello fue que tuvo que presentar la dimisión, pues difería en gran manera de la forma de pensar de Roosevelt. Jack, en cambio, estaba convencido —y así lo expuso en su libro— de que Estados Unidos no tardaría en entrar en el conflicto, y propugnaba su política de rearme.

París fue ocupado por los alemanes el 14 de junio de 1940, y el armisticio fue firmado al mes siguiente. La situación en Inglaterra se agravaba por momentos y los americanos fueron invitados por su Embajada a abandonar la isla, ya que se iniciaba la batalla de Inglaterra y los bombarderos alemanes empezaban el ataque a las ciudades abiertas.

La «batalla aérea de Inglaterra» comenzó exactamente el 10 de julio de 1940. Al principio, las incursiones aéreas germanas fueron un tanto limitadas, pero a partir del 2 de agosto, la Luftwaffe inauguró la segunda fase de su acción, mediante ataques masivos contra los aeródromos ingleses, las fábricas de material aeronáutico y, sobre todo, contra el poderoso y eficaz conjunto de la red inglesa de radar. La ofensiva alemana contra las instalaciones vitales de Inglaterra alcanzó su punto culminante a comienzos de septiembre, hasta tal extremo, que los aviadores británicos sólo pudieron hacer frente a ella llegando al límite de sus esfuerzos.

Luego, los alemanes modificaron una vez más su estrategia, dirigiendo los principales *raids* contra la ciudad de Londres, con ataques encaminados a sembrar el terror, efectuados mediante oleadas sucesivas que sumaban hasta mil aviones, lanzados al amanecer. Tiempo después, en vista de las pérdidas experimentadas, la Luftwaffe volvió al sistema de bombardeo nocturno. Londres llegó a ser bombardeado durante cincuenta y siete noches consecutivas, se declararon diez mil incendios en la capital y un millón de viviendas resultaron afectadas o destruidas. Coventry, Liverpool y otras grandes ciudades sufrieron igualmente los efectos del ataque aéreo: en conjunto, sobre Inglaterra cayeron 190.000 toneladas de bombas y hubo que lamentar unos 44.000 muertos y más de 50.000 heridos.

A pesar de ello, Hitler fracasó en su propósito y tuvo que ir retrasando la fecha de la invasión de Inglaterra y suspender la ofensiva aérea porque las pérdidas empezaban a resultarle ya demasiado onerosas: la Luftwaffe había perdido 1.733 aviones y la RAF, 915. Por vez primera, el dictador alemán se veía contenido y rechazado.

CAPÍTULO VIII

EL ATAQUE DE JAPÓN A PEARL HARBOUR

En 1940, mientras en Europa seguía la guerra, los Kennedy se encontraban todos reunidos en Hyannis Port para disfrutar del veraneo. Ninguno de ellos podía saber entonces que aquéllas serían las últimas vacaciones en las que estarían juntos.

De los nueve hermanos, tres ya destacaban con luz propia: Joe, en la política, ambicionaba llegar a ser presidente de su país, ambición que era compartida por toda la familia. Jack se había hecho famoso con la publicación de su libro *Why England Slept.* Y Kathleen era periodista y su nombre destacaba en las páginas del *Washington Times Herald.*

Aquel fue un verano maravilloso. Todos los hermanos reunidos y rivalizando en sus deportes favoritos: tenis, fútbol americano y navegación a vela.

Cuando terminó el estío, volvió cada uno a sus ocupaciones cotidianas. Joe se identificaba por completo con las ideas paternas respecto a la actitud a seguir por Estados Unidos en la guerra. Aislacionista convencido, trataba de inculcar a sus compañeros la noción de que era mucho más ventajoso para Norteamérica permanecer al margen del conflicto y lograr más tarde beneficios económicos al comerciar con una Europa dominada por el Eje, que lanzarse a la lucha al lado de Gran Bretaña. Al mismo tiempo, abogaba por el rearme americano, y haciendo honor a sus ideas en tal sentido, no esperó a que de acuerdo con las nuevas disposiciones se le llamara a prestar servicio a filas, sino que se presentó voluntario, alistándose en la Marina como cadete de aviación.

Antes de cumplir veintiséis años, en pleno mes de julio de 1941, toda la familia despidió a Joe que partía hacia la academia de Squantum situada a poca distancia de Boston, donde iba a recibir las primeras lecciones.

Por su parte, Jack, después de graduarse en Harvard expresó su deseo de cursar la carrera de Leyes en una Universidad distinta, la de Yale. No obstante, luego cambió de opinión y prefirió estudiar técnica y dirección de empresas en la Universidad de Standford. Seis meses después emprendió un periplo por varios países de América Latina.

Había cumplido veinticuatro años cuando se enteró de que su hermano iba a ingresar en la Aviación Naval y decidió imitarle, aunque no en la elección de cuerpo, pues presentó su demanda en unas oficinas de reclutamiento del Ejército. Sin embargo, debido a la lesión en la espalda que había sufrido años atrás y de la que se resentiría toda su vida, fue rechazado. John Fitzgerald, no obstante, no se desanimaba fácilmente, y ayudándose por una recomendación, acabó por ser aceptado en la Marina, aunque se le asignó un puesto burocrático en el servicio de información.

Joseph Kennedy, el padre, asistía complacido a estos acontecimientos, y se sentía orgulloso de sus dos hijos mayores. El tercer varón, Robert, tenía entonces quince años y todavía no estaba completamente definido su futuro. Posiblemente sería en aquella época cuando empezó a dar muestras de querer ser sacerdote. No obstante, aquella repentina vocación duró muy poco. El más pequeño, Teddy, contaba sólo nueve años por aquel entonces. Y, por supuesto, lo que más le interesaba era jugar.

La familia de Rose Fitzgerald, la que sería madre del Presidente.

Pero junto a las satisfacciones que los jóvenes daban a la familia, existía siempre la sombra de la desgracia cerniéndose sobre ellos en la persona de Rosemary. Cuando tenía ya veintiún años, no sólo no daba muestras de mejorar de su enfermedad sino que, por el contrario, se agravaba por momentos. Su carácter, antes apacible y como embotado, empezaba a dar muestras de alterarse. A veces pasaba días enteros sin pronunciar palabra, pero, de repente, se encolerizaba por el más nimio detalle y entonces se hacía difícil la convivencia. Sus facultades intelectuales también parecían disminuir. Seguían consultándose especialistas, aunque no se obtenía ningún resultado satisfactorio. Las respuestas eran siempre vagas y no daban lugar a mantener muchas esperanzas. Los médicos insistían en que la muchacha hubiera estado mejor en una institución adecuada para su caso, pues allí no se hubiera encontrado en un ambiente general tan incomprensible para ella, pues desde pequeña se daba perfecta cuenta de que no podía llevar el mismo ritmo que sus otros hermanos. Finalmente, los padres tuvieron que rendirse a la evidencia y buscar un centro adecuado para ella. Se decidieron por una institución católica instalada en una localidad de Wisconsin. Durante muchos años a partir de entonces, a la familia Kennedy le fue muy difícil referirse a Rosemary, y si algún periodista se interesaba por ella, se le daba alguna explicación superficial. Gracias al apoyo de algunos escritores y reporteros simpatizantes de los Kennedy, se consiguió hacer creer que estaba como maestra en un colegio de Milwaukee. Y así se siguió hasta que ya no fue posible dejar de reconocer que Rosemary nunca podría llevar una vida normal. Como consecuencia de la desgracia que les afectaba, los Kennedy acabaron por sentir el mismo dolor hacia todos aquellos que padecían la dolencia de su hija y hermana, lo que les llevó a practicar numerosas ayudas en beneficio de las instituciones para retrasados mentales.

Kathleen, por su parte, que en el momento de estallar la guerra contaba diecinueve años, tenía una personalidad que se hacía sentir en cualquier lugar donde se encontrara. Eunice, por aquella época, también pensó en adoptar la vida religiosa, pero más adelante prefirió dedicar sus energías a tareas filantrópicas que no implicaran necesariamente la reclusión en un convento, y dedicó parte de su vida al intento de rehabilitación social de delincuentes juveniles.

Estados Unidos entra en guerra

El 7 de diciembre de 1941, mientras se mantenían conversaciones entre Estados Unidos y Japón, una formación de ataque compuesta por 360 aviones japoneses, atacó sin previo aviso ni declaración de guerra la base americana de Pearl Harbour. La flota concentrada allí no pudo prever la acción, y no obstante haber reaccionado, tarde, desde luego, con sus baterías antiaéreas, las bombas causaron un destrozo gravísimo a las naves.

La noticia sumió al país en un estado de estupor. Pero, a la vez, la incógnita quedaba despejada. A partir de entonces no existía ya el interrogante de si Estados Unidos tenía que entrar en la contienda. Atacados en su propio territorio, no cabía más solución que actuar. La guerra con Japón era ya un hecho y de ello se derivarían consecuencias incalculables tanto para los dos países en litigio como para el mundo entero.

Entre tanto, Jack Kennedy había sido incorporado a los servicios de Inteligencia Naval, habiendo tenido a su cargo misiones tales como la de preparar un informe para el nuevo jefe del Estado Mayor de la Armada. Aquella tarea parecía muy apropiada para alguien como él, que había venido demostrando grandes aptitudes para las letras.

Después de la catástrofe de Pearl Harbour, se dedicó con ahínco a solicitar un puesto de combate. Pero el tiempo pasaba

71

sin que llegase respuesta alguna y el joven empezaba a resignarse a pasar toda la guerra en las oficinas navales. No obstante, una entrevista de su padre con el subsecretario de Marina, James Forrestal, bastó para que algún tiempo después Jack fuera incorporado a una escuadrilla de lanchas torpederas.

Mientras esto sucedía, Joe Kennedy se afanaba en el deseo de convertirse en aviador naval. Se encontraba en la base de Jacksonville, en Florida, mereciendo tan buenas notas en los diferentes ejercicios que fue declarado cadete del año. En el curso de una ceremonia celebrada en 1942, recibió su diploma de alférez y las alas de piloto que le fueron impuestas por su propio padre. No obstante, todavía pasaría mucho tiempo en Estados Unidos sin participar en la contienda, ya que no fue hasta septiembre del año siguiente cuando partió hacia Inglaterra, pasando a formar parte de un escuadrón estacionado en las Islas Británicas como auxiliar de las Reales Fuerzas Aéreas inglesas. Durante aquel invierno estuvo realizando misiones de patrulla por el canal de la Mancha y el mar del Norte, con aviones equipados con radar, para detectar submarinos enemigos.

La mayor de las hermanas, Kathleen, trabajaba desde años antes como informadora en el *Washington Times Herald*. Sin embargo, desde que Estados Unidos entró en guerra, la joven se trasladó a Londres, donde empezó a trabajar en la Cruz Roja.

CAPÍTULO IX

UNA ARRIESGADA MISIÓN PARA JACK

A principios de 1943, Jack embarcó en su lancha torpedera y toda la escuadrilla puso rumbo a las aguas del Pacífico. Los muelles de San Francisco quedaron atrás y a bordo se instauró la rutina propia de los tiempos de guerra, con los continuos ejercicios, la vigilancia constante y el deseo general de tomar parte en alguna operación de la que se hablara favorablemente en el país.

Jack tenía categoría de subteniente y había sido nombrado comandante de la lancha torpedera «PT-109». Llevaba bajo su mando a dos oficiales y diez hombres de la tripulación.

El teatro de operaciones del Pacífico meridional era en aquella época uno de los lugares menos pacíficos del mundo.

La flotilla de lanchas rápidas torpederas, de la que formaba parte la «PT-109», mandada por John Fitzgerald Kennedy, tenía la misión de atacar por sorpresa a los barcos japoneses, las instalaciones costeras y hundir las embarcaciones de desembarco enemigas.

La lancha torpedera de Jack participó en aquellos meses en treinta misiones en aguas de las islas Salomón, y tomó parte en el contraataque norteamericano contra las fuerzas japonesas atrincheradas en la isla de Nueva Georgia.

La siguiente misión, sin embargo, resultó la más difícil y accidentada. El 2 de agosto de 1943, la lancha patrullaba a unas 40 millas de su base, en medio de una terrible oscuridad. Los barcos japoneses reembarcaban en las playas de la isla soldados para trasladarlos a otros frentes. Cruzaban el cielo los aviones nipones, que tenían como misión vigilar los rápidos ataques de las torpederas y hundirlas con bombas. La «PT-109» navegaba silenciosamente con sólo un motor en marcha de los tres de que disponía. Kennedy iba al timón y todos los tripulantes vigilaban desde sus puestos.

Cuando atravesaban el estrecho de Blackett, avistaron de pronto a un destructor japonés, el *Amagiri*, que a su vez vigilaba las posibles incursiones de las lanchas rápidas enemigas. Pero fue el capitán del destructor quien había avistado primero la lancha y cuando John fue advertido por uno de sus vigías de que el *Amagiri* se precipitaba por estribor, sólo tuvo tiempo de ordenar zafarrancho de combate, indicándole al maquinista que pusiera en marcha los motores parados a la máxima revolución posible. Sin embargo, la «PT-109» fue abordada por el destructor japonés y la partió en dos.

La tripulación se lanzó al agua, pero no todos lograron salvarse. Jack había sufrido graves heridas, aunque no le impidieron salvar al maquinista de la lancha, el cual no podía valerse por sí mismo. Parece ser que remolcó al marino sujetando el chaleco salvavidas con los dientes.

Fueron once los que se salvaron, pero tuvieron que permanecer más de quince horas en el agua, porque el capitán del destructor japonés, al observar el incendio que se había producido en la partida embarcación, creyó que no había supervivientes y prosiguió su marcha.

Finalmente, los once marinos, algunos de ellos heridos o con graves quemaduras, pudieron agarrarse a un madero, alcanzando por fin a nado una islita ocupada por los japoneses.

Cuatro días duró la odisea de los náufragos, pero gracias a la presencia de ánimo y a la pericia que demostró el subteniente Jack Kennedy, consiguieron salvarse, gracias a un mensaje que grabaron en el tronco de un cocotero, el cual fue recogido por unos nativos.

La emoción que el hecho despertó en Estados Unidos fue enorme. Hay que tener en cuenta que la familia de Jack había recibido ya un telegrama del Departamento de la Marina comunicándole lo siguiente: «El secretario de la Marina tiene el desagradable deber de informarle que el subteniente John Fitzgerald Kennedy ha sido dado por desaparecido en acción de guerra.»

Joseph Kennedy, sin embargo, se aferraba al atisbo de esperanza que representaba el texto del telegrama en el que no se confirmaba la muerte de su hijo, sino sólo su desaparición.

Transcurrieron cuatro días de angustia y en la base de la flotilla, incluso los compañeros de Jack habían celebrado ya la ceremonia fúnebre en memoria de los desaparecidos, cuando llegó la noticia del salvamento del teniente Kennedy y los supervivientes, por lo cual, cuando éstos regresaron, celebraron aquella vuelta con verdadera alegría. Todos los supervivientes coincidieron en alabar los esfuerzos del subteniente por buscar ayuda y salvarles.

Jack fue condecorado por el secretario de Marina por los méritos de aquella acción con la medalla «Navy and Marine Corps», que le fue impuesta en el hospital naval de Chelsea, a donde había sido trasladado.

Sin embargo, el esfuerzo realizado se cobraría posteriormente su deuda. Enfermó de malaria y su peso, que siempre había estado por debajo de lo normal, disminuyó veinte kilos. Además, se le agravó la lesión de la espalda y empezó a sufrir intensos dolores por lo que tuvo que ser intervenido quirúrgicamente, pues tenía un disco fracturado entre dos vértebras. La operación no fue todo lo satisfactoria que cabía esperar y pasó largos meses en el hospital antes de recuperarse parcialmente.

Aquella acción, sin embargo, había contribuido a aumentar la confianza de Jack en sí mismo. Empezaba a modelarse su verdadera personalidad, acuñada en el yunque de guerra y de la que se derivarían acontecimientos de tanta importancia. Era el segundo acto en la formación del mito de John Fitzgerald Kennedy. El primero lo había sido la publicación de su libro. Ahora ya no era sólo un autor famoso, sino además un héroe de guerra.

En el Pacífico, la lucha prosiguió encarnizada. Los dos Estados Mayores, americano y japonés, sabían que quien dominase el océano ganaría la contienda. En verano de 1942, las tropas norteamericanas habían iniciado la ocupación del archipiélago de las islas Salomón, tras el brillante y sangriento desembarco en Guadalcanal. A partir de entonces fueron ocupando una isla tras otra no sin tener que dominar una encarnizada resistencia japonesa.

La ofensiva naval nipona se derrumbó: la batalla del mar del Coral en mayo y la de Midway en junio, habían sido fatales para la flota imperial, y por vez primera en la historia de la guerra marítima los navíos adversarios combatieron sin verse siquiera un solo instante y sin intercambiar disparos de artillería.

Ataques y contraataques quedaron exclusivamente confiados a los bombarderos, aviones torpederos y el restante material aéreo de los portaaviones que sustituyeron a los cruceros y acorazados en el primer puesto de importancia del poner naval. El papel de los submarinos fue también muy destacado. Los «cazas» norteamericanos ganaron la partida a los «Zero» japoneses. La industria armamentística norteamericana, que al principio se hallaba en igualdad de condiciones a la de su adversario, terminó superándola con creces. A pesar de sus numerosas pérdidas, la Navy terminó barriendo a la «Armada Imperial». El camino quedó libre para la decisiva contraofensiva yanqui.

Lo mismo que Alemania, el imperio del Sol Naciente demostraba que no era capaz de sostener una prolongada contienda. Tenía que hacer frente a la industria más poderosa del mundo y a las dos marinas de guerra más poderosas y, curiosamente, sea porque los aliados paralizaran cualquier intención en dicho sentido, sea por los avatares de la contienda, lo cierto es que Berlín-Tokio, aliados como eran, no actuaron nunca conjuntamente.

CAPÍTULO X

SE SUCEDEN LAS TRAGEDIAS EN EL CLAN

Los Kennedy se reunieron de nuevo en el verano de 1944, a excepción de Joe, que continuaba de servicio en Gran Bretaña y de Jack, que se hallaba ingresado en el hospital de Chelsea. El conflicto bélico seguía su curso. Como piloto en los frentes de Europa, Joe tenía en su haber cincuenta misiones, dos de ellas especiales, cuando le fue comunicado que de acuerdo con el turno de relevos le había llegado el suyo para disfrutar de un permiso. Pero casi al mismo tiempo, el mando solicitó voluntarios para una misión muy peligrosa, que había sido planeada minuciosamente. Los alemanes habían construido en las costas de Bélgica una serie de refugios para submarinos, magníficamente fortificados. Se trataba de guaridas protegidas por espesos muros de cemento en las que los submarinos penetraban hasta muelles subterráneos los cuales se hallaban dotados de los necesarios servicios para su mantenimiento. Aquellas fortalezas eran muy difíciles de atacar y hasta entonces todos los intentos habían fracasado.

La misión consistía en emplear un avión como bomba volante, el cual volaría desde un aeródromo secreto y se dirigiría hacia el objetivo pilotado de manera normal, si bien al llegar a él, los dos pilotos deberían saltar en paracaídas, ya que el bombardero seguiría el vuelo, dirigido por radio desde otro aparato, hasta llegar a las inmediaciones de los refugios, donde entraría en picado, estrellándose contra ellos por su parte inferior, con lo que se destruiría la entrada, dejando así a buen seguro encerrados a los submarinos, que posiblemente sufrirían también daños irreparables.

Los detalles habían sido ultimados. Sólo faltaba encontrar a dos pilotos arriesgados, y el mando prefirió que aquella misión se llevara a cabo por voluntarios. Consciente de la importancia de la misión, Joe no vaciló en ofrecerse para la misma. Acababa de cumplir veintinueve años, y pensaba que, ya que la guerra estaba adoptando un giro favorable para los aliados, posiblemente el triunfo final no se haría esperar, permitiéndole regresar junto a los suyos con la satisfacción de haberse distinguido en una acción brillante que, a buen seguro, le valdría para sus aspiraciones a la presidencia de Estados Unidos.

El aparato que Joe Kennedy y su compañero, el teniente Eilly, iban a pilotar era un «Liberator». Llevaba control remoto y en su interior se colocaron once toneladas de un explosivo potentísimo. La tarea más peliaguda consistiría en despegar de la pista, ya que su enorme peso comportaría llevar a cabo una maniobra fuera de lo corriente.

El día fijado para la operación, 12 de agosto de 1944, Joe y su ayudante tomaron asiento en la carlinga y pusieron en marcha los motores. El pesado aparato se deslizó por la pista, y después de un recorrido cada vez más acelerado y casi hasta el término de la misma, fue ganando finalmente altura mientras quienes lo contemplaban sentían la emoción del momento.

El vuelo se realizó de modo normal en un cielo con nubes entre las cuales se deslizaba el avión, que no fue localizado en ningún momento, pero el destino tenía dispuesto que la misión no llegaría a cumplirse. Cuando el pesado bombardero se hallaba cerca de su objetivo se produjo una terrible explosión a bordo, cuyo origen nunca llegó a saberse y el aparato, reducido a pequeños fragmentos, fue a caer en las aguas

*El teniente John F. Kennedy es condecorado en 1944 por su heroica
conducta al frente de una lancha torpedera.*

del Atlántico, llevándose consigo los cuerpos de los infortunados tripulantes, que nunca pudieron ser hallados.

La noticia fue comunicada a la familia por la vía usual, mediante un telegrama de condolencia cursado por el Ministerio de Marina. Joseph Kennedy nunca llegó a recobrarse totalmente de aquella desgracia. Rose, por su parte, aceptó la noticia con resignación, encontrando consuelo en sus sentimientos religiosos.

Jack se enteró de la desaparición de su hermano cuando todavía estaba ingresado en el hospital de Chelsea.

Joe Kennedy se había convertido en un héroe de Norteamérica. Se le concedió, a título póstumo, la medalla de la Campaña de la Zona Europea, Africana y Oriental. Por otro lado, la Marina impuso su nombre a un destructor.

John, el delfín del clan

Con la trágica y heroica desaparición de Joe, Jack se convirtió en el nuevo «delfín», el heredero que iba a perpetuar la dinastía. Él, más afortunado que su hermano, había visto no obstante la muerte de cerca en el Pacífico, y como resultado de aquella acción su dolencia espinal se había visto agravada considerablemente.

Un año después del hundimiento de la lancha, Jack seguía en el hospital y la guerra continuaba aunque él ya no volvería a tomar parte en ninguna acción.

Se tenía pensado, en cuanto su estado lo hiciera posible, practicarle una operación en la columna vertebral, pero mientras ésta no se llevaba a cabo los días iban transcurriendo de un modo monótono.

Fue en aquella cama del hospital naval de Chelsea donde a Jack se le ocurrió la idea de escribir un libro acerca de la personalidad de su fallecido hermano, lo que más adelante llevó a la práctica.

Otra pérdida dentro de la familia

Desgraciadamente, la muerte de Joe no iba a ser la única tragedia que se abatió sobre los Kennedy en aquel año fatal. Transcurridas tres semanas se produjo una segunda desaparición, también por causa de la guerra: la del esposo de Kathleen, la cual ya se había convertido en *lady* al haber celebrado un matrimonio civil con el marqués de Harrington.

Después de incorporarse a su unidad tras la breve luna de miel, el marqués de Harrington entró en acción en el frente francés. El 10 de septiembre recibió la orden de comandar una patrulla para un reconocimiento sin demasiada trascendencia. No obstante, una bala enemiga segó su vida apenas salido de la trinchera para llevar a cabo la misión.

Kathleen, enterada de la tragedia, regresó inmediatamente a Inglaterra, de donde había llegado pocos días atrás. La familia del marqués la recibió cariñosamente. En realidad, se conocían muy poco; pero entre los duques de Devonshire y su nuera reinaba una corriente de simpatía. La duquesa escribió a Rose Kennedy expresándole lo mucho que estimaban a su hija y hasta qué punto agradecían que hubiera proporcionado tanta felicidad a su hijo.

Pero seguirían las desgracias. Kathleen se quedó a vivir durante unos años en casa de sus suegros. Ya terminada la guerra, Joseph Kennedy se marchó a París, y Kathleen se reunió con él. Entonces decidieron trasladarse a la Riviera francesa para unas cortas vacaciones. Realizarían el viaje juntos en tren. Pero una vez más la fatalidad se interpuso en sus vidas. Un amigo londinense que se encontraba por casualidad en París, propuso llevar a Kathleen en su avión. Se trataba de un aristócrata de treinta y ocho años al que conocían desde bastante tiempo atrás. A fin de ganar tiempo despegaron de noche. Estaba lloviendo y había una espesa niebla. El piloto y su ayudante eran expertos en aquella clase de vuelos y aseguraron que todo marcharía a la perfección. Pero no se sabe si el accidente se produjo por un error de cálculo, un fallo mecánico, o simplemente por la desorientación a causa de la niebla, mas lo cierto es que al ocurrir el fatal desenlace unos campesinos de los alrededores escucharon de pronto una fuerte detonación. Al investigar la causa, vieron que un avión se había estrellado contra el flanco de una montaña cercana. Esto ocurrió en la región de Ardéche, cerca del pueblo de Privas.

Comprobada la identidad del aparato pronto se supo que en el mismo viajaba Kathleen Kennedy.

Apenas le fue comunicada la noticia, Joseph Kennedy se trasladó a Lyon. Hasta el último momento alimentó la esperanza de que por algún cambio de planes de última hora su hija no hubiera hecho el viaje. Pero el equipaje con la documentación de Kathleen apareció entre los restos calcinados del aparato y poco después se localizó el cadáver. Joseph Kennedy dispuso que los restos mortales de su hija fueran trasladados a Inglaterra donde fueron enterrados junto a los de su esposo, en el cementerio de Chatsworth.

CAPÍTULO XI

EL CLAN KENNEDY LLENA VACÍOS

A partir de 1950 la vida de los Kennedy sufrió importantes cambios. Hasta aquel momento pareció como si ninguno de los hijos del matrimonio se interesara demasiado por la vida sentimental. Y aparte de la fugaz y dramática unión de Kathleen con el marqués de Hartford, nadie había hablado del tema hasta entonces.

Sin embargo, terminada la guerra y reunidos todos de nuevo en el hogar americano, uno tras otro, los Kennedy empezaron a desplegar una actividad inusitada en tal sentido. Y fue un alivio para los que quedaban que tras los dramáticos sucesos vividos por la familia, el ambiente se dulcificara con la presencia de otros seres que vinieron a renovarlo, confiriendo nuevas esperanzas en aquellas personas entristecidas por las recientes tragedias.

Tras graduarse en 1948, Robert Kennedy había entrado también en posesión del legado de un millón de dólares otorgado por su padre. Se encontraba entonces en un momento difícil de su vida, pues no sabía qué carrera elegir. Al cumplir la edad reglamentaría se había alistado en la Marina. Pero la Marina no era lo suyo, y ahora se sentía indeciso respecto al rumbo que debía emprender. Intentó dedicarse al periodismo, y en calidad de enviado especial del *Globe* de Boston estuvo en Palestina durante la guerra árabe-israelí. En los artículos que envió a su diario, puso de manifiesto la enorme moral de los israelíes dispuestos a defender el territorio tan arduamente conseguido después de siglos de ansiar una patria. Ciertamente, Robert Kennedy siempre se mostró simpatizante de dicho movimiento, lo que en el curso de su última campaña le acarreó graves consecuencias.

Terminada su misión en Palestina y de vuelta a Estados Unidos, Robert descubrió que el periodismo tampoco le complacía y se matriculó en la Escuela de Leyes de Virginia, dispuesto a seguir los pasos de sus hermanos. En aquella época había conocido a una amiga de su hermana Jean. La joven, Ethel Skakel, pertenecía a una importante familia propietaria de grandes minas de carbón. Los Kennedy pronto simpatizaron con Ethel, pues ésta, aparte de vivir en un ambiente muy parecido al de los Kennedy, era de tan parecidas características que se la hubiera podido tomar por pariente directo. Físicamente era esbelta y ágil. El color de los ojos era castaño y el pelo rubio, blanqueado por las largas horas de exposición al sol en el curso de las competiciones deportivas a que tan aficionada era.

La ceremonia que les unió en matrimonio se celebró en la localidad de Greenwich, el pueblo natal de la novia, el 17 de junio de 1950, actuando como padrino John Fitzgerald.

A la boda de Bob siguió la de Eunice, celebrada en 1953 en la catedral de San Patricio. Eunice y el que sería su esposo, Sargent, se conocieron cuando ella se encontraba en Washington, trabajando como secretaria de la Liga Nacional de Represión de la Delincuencia Juvenil, lo que la obligaba a vivir allí con su hermano Jack, que ya por entonces era miembro del Congreso.

Durante el banquete celebrado por la boda de Eunice, la novia cumplió con la tradición de arrojar el ramo a la concurrencia, siendo recogido por su hermana Patricia, la más bella de todas. Haciendo honor a la creencia popular, no tardaría en encontrar novio. Y en efecto, así fue, aunque la persona que escogió causó profundo desagrado en Joseph

Kennedy: el actor Peter Lawford. Sin embargo, antes iba a celebrarse otra boda importante en el seno de la familia Kennedy.

Tres años después de la boda de Eunice, la catedral de San Patricio volvió a ser escenario de un esplendoroso acontecimiento. Se trataba ahora de Jean, la hermana favorita del futuro presidente. El contrayente era Stephen E. Smith, nieto de un miembro del Congreso por Brooklyn, quien siempre se había mostrado enemigo de la Ley Seca y que había promovido mejoras en los muelles.

La boda entre Patricia y Peter Lawford se celebró en 1954, aunque como condición previa fue preciso que él se convirtiera al catolicismo.

Por lo que respecta a Jack, también por aquella época tuvo lugar su matrimonio con Jacqueline Le Bouvier. Jack conoció a la que convertiría en su esposa en una comida en casa de unos amigos comunes. Jacqueline trabajaba por entonces como redactora gráfica para el *Washington Times Herald*. Su tarea consistía en entrevistar a la gente por la calle y hacer preguntas sobre problemas de actualidad. Jack, nada más conocerla, se sintió profundamente atraído por la señorita Le Bouvier.

El matrimonio se celebró el 12 de setiembre de 1953, en la iglesia católica de Santa María, en New Port, en el Estado de Rhode Island. Ofició la ceremonia el obispo de Boston y gran amigo de la familia, Richard J. Cushing.

La boda del que por entonces ya era senador fue también la «boda del año», por la cantidad de personalidades que figuraban entre los mil doscientos invitados que les acompañaron en el banquete nupcial.

La vida del senador y futuro presidente había sufrido un cambio importante. No obstante, bueno será ahora retroceder en el tiempo para ofrecer un cuadro más amplio de lo que fue su vida hasta el día de su boda.

¿Cuál era el papel jugado hasta entonces por los EE.UU.? El esfuerzo bélico les permitió superar las secuelas de la gran depresión y convertirse en economía dominante, potencia financiera que posibilita la reconstrucción del mundo occidental; en el campo político los Estados Unidos se presentaron como campeones de la democracia y reclamaron el título de defensores del mundo libre (autodenominación del no sometido a las directrices soviéticas). El liderazgo fue incontestable y a ello contribuyó la merma del poder inglés y el debilitamiento generalizado de las viejas naciones europeas, la disolución de los imperios coloniales y, sobre todo, la conformación de los bloques políticos de potencias rivales.

Plasmación del liderazgo de las democracias occidentales fue en 1947 el Plan Marshall, dirigido por dicho general y político norteamericano. Marshall preconizó la ayuda financiera de su país a las naciones europeas —Francia, Italia, Bélgica, Holanda, etcétera— empobrecidas y arrasadas por la anterior contienda mundial. Gracias al río de dólares norteamericano, Europa Occidental pudo rehacerse del colapso económico y frenar el ascenso al poder en Francia e Italia de los partidos comunistas de ambas naciones.

El bloqueo de Berlín por los rusos en 1948 será punto de partida de la denominada «guerra fría». La prodigiosa organización norteamericana de un «puente aéreo» que permitió el aprovisionamiento durante el invierno de 1948-1949, evitó el éxito de la estratagema. A continuación, los EE.UU. dieron vía libre para la creación de la OTAN, Organización del Tratado del Atlántico Norte, establecida en 1950, creando un ejército permanente de doce países. La URSS contestaría de inmediato con la firma del Pacto de Varsovia.

De 1950 a 1953 los EE.UU. intervendrán en la guerra de Corea para evitar la reabsorción por parte de la Corea socialista (Corea del Norte) de Corea del Sur, de talante democrático y capitalista. La contienda terminará en empate y en una vuelta al *statu quo* (respetando las fronteras de antes del comienzo del conflicto). Paralelamente, el senador Joseph MacCarthy desencadenaba la que se vino a denominar una «caza de brujas», persecución feroz contra todo sospechoso de comunismo, desde la presidencia de un comité especial creado para este fin. El proceso de Alger Hiss y la ejecución de los esposos Rosenberg, acusados de espionaje en favor de la Unión Soviética, a pesar de sus protestas de inocencia y de las de muchas naciones; incluso el general Marshall, que ocupaba entonces la secretaría de Defensa tuvo que dejar el cargo tras una insidiosa campaña de descrédito.

Personalidades como Arthur Miller, Charlie Chaplin, Bertolt Brecht y Elia Kazan fueron juzgados sospechosos y requeridos ante la comisión para prestar declaración. MacCarthy no sería destituido hasta 1954, cuando ya en la presidencia de la nación se hallaba Dwight Eisenhower, prestigioso general héroe de la Segunda Guerra Mundial, que había llegado a la Casa Blanca como candidato republicano. El «viejo partido» se mantendría al ser reelegido Eisenhower hasta 1960, en que Kennedy recuperaría la Casa Blanca para los demócratas.

CAPÍTULO XII

DEL PERIODISMO A LA POLÍTICA

En la primavera de 1945, una vez cumplida su misión en la Marina y habiendo sido dado de baja a causa de las lesiones en la espalda, Jack tuvo que plantearse la vuelta a la normalidad. Como a la mayoría de jóvenes en idéntica situación a la suya, aquel brusco regreso a la vida civil le ocasionó un desequilibrio que se tradujo en desorientación e incertidumbre.

Tenía entonces veintiocho años, era guapo y apuesto y además millonario y héroe de guerra. Como contrapartida, le quedaba el dolor de la espalda, que le hacía llevar un chaleco ortopédico.

Por el momento, pensó que lo mejor sería dedicarse a escribir. Valiéndose de las influencias de su padre, de las que siempre supo sacar beneficios prácticos, entabló contacto con altos ejecutivos de la cadena Hearst, propietaria de veinticinco grandes rotativos americanos y una de las organizaciones más poderosas del país. Fue aceptado y se le asignó un cargo de corresponsal para sus servicios en el extranjero.

Como enviado especial escribió sobre las elecciones británicas. Parece ser que fue una de las pocas personas que previó que Winston Churchill no sería reelegido para su cargo de primer ministro.

También en calidad de informador, John F. Kennedy asistió a acontecimientos tan importantes como la fundación y puesta en marcha de la Organización de las Naciones Unidas, cuyas conferencias, celebradas en San Francisco, relató, contempladas bajo el prisma de un soldado común.

Para él, la paz mundial debería radicar en un entendimiento entre las dos grandes potencias europeas, Inglaterra y Francia, unidas a Norteamérica, dejando de lado y temiendo el expansionismo de los soviéticos.

No obstante la actividad que aquello reportaba, la tarea de informador terminó por cansarle y de regreso a Estados Unidos presentó su dimisión como reportero. A sus amigos les explicó que los periodistas realizaban un papel demasiado pasivo y que su espíritu no estaba preparado para ello.

John F. Kennedy se lanza a la política

Presentada la dimisión, Jack empezó a pensar que rendiría mejores resultados dedicándose a una labor docente, y estuvo tentado de hacerse profesor. Pero la perspectiva de volver al ambiente académico, con los estudios complementarios a que se obligaría, tampoco le sedujo demasiado.

Hasta entonces, la política sólo le había interesado de un modo marginal. Se encontraba, pues, en un punto crucial de su vida y sin sentir inclinación hacia nada concreto. Si hubiera hecho un inventario preciso de sus realizaciones, se habría dado cuenta de que, en realidad, no estaba preparado para ninguna profesión. Tampoco le atraían los negocios de su padre, y nunca pasó por su imaginación la idea de convertirse en miembro de aquel imperio de las finanzas.

¿Por qué fue que finalmente Jack se decidió a emprender la dura y difícil carrera de la política, lanzándose a ella con todo el entusiasmo de su carácter dinámico y juvenil? Muchas han sido las leyendas que se han contado acerca de ello. Parece ser, sin embargo, que fue por un proceso gradual en el que su padre ejerció una influencia decisiva.

La vida política no le alejó, sino que le vinculó más con sus padres y abuelos.

Tal vez si Joe no hubiera muerto, y vista la predilección del «patriarca» por aquél, el camino hacia la presidencia hubiera sido allanado para el hermano mayor, con lo que Jack posiblemente se hubiese plegado a las exigencias del clan, aunque a buen seguro más adelante hubiera terminado entrando en el juego de la política, acaso en rivalidad con su propio hermano.

Sin embargo, Rose Fitzgerald ha firmado en diversas ocasiones que, si bien Joe Kennedy pudo influir en la decisión de su hijo, nunca le obligó a tomar ese camino en contra de su voluntad. Dejemos que sea ella misma quien nos lo cuente:

> *Muchos creen que la decisión de Jack de intervenir en política fue cosa de su padre más que de él, que Joe prácticamente le obligó a hacerlo. Esto habría sido contrario al carácter de ambos. Cualquiera que lea las cartas de Joe a Jack o a sus demás hijos, puede ver que el darles órdenes hubiera sido contrario a la relación que tenía con ellos. Y Jack, por su parte, no se habría sometido a esa orden paterna a pesar de que la hubiera llegado a recibir. Puedo imaginarme a Jack sonriendo con un gesto de aceptación y decir «sí, papá». Así solía sonreír y decirme «sí, mamá» cuando le decía que se pusiese un jersey... y luego se iba sin él.*

> *No hay duda de que probablemente hubiese elegido una actividad distinta si no hubiese muerto su hermano Joe. Este habría seguido una carrera política. Esto era lo que pretendía y, según creo yo, a lo que estaba destinado. Todo el mundo lo creía y tenía todas las condiciones necesarias para hacerlo. Como escribía Jack: «Su éxito estaba tan asegurado y era tan inevitable, que su muerte pareció destruir el orden natural de las cosas».*

Así, la decisión no fue fácil, pero lo cierto es que una vez tomada, fue determinante. Jack estaba dispuesto a presentarse a las elecciones para el escaño vacante en el Congreso por el distrito de Boston. Consecuencia de ello fue que en 1945 la familia se trasladó a esa ciudad para iniciar desde allí lo que habría de convertirse en meteórica carrera.

No obstante, parece ser que en su decisión su padre tuvo finalmente una influencia decisiva, insistiendo para que ocupara el puesto que el fallecido Joe había dejado vacante.

Empieza la campaña

Aunque los Kennedy llevaban veinte años ausentes de Boston no habían sido olvidados, y en especial después de la aventura diplomática de Joseph Patrich, se les consideraba la familia irlandesa más importante de la ciudad.

James Michael Curley, que había sucedido a John Francis Fitzgerald como congresista y alcalde de Boston, y que había ocupado después varias veces ambos cargos, y el de gobernador, a lo largo de más de treinta años, se había presentado a la alcaldía para Boston en 1945, y había resultado elegido. Dejaba así vacante su puesto en el Congreso. Y, dado que el señor Curley no parecía tener un sucesor claramente pensado, quedaba abierto el camino para una nueva carrera y la oportunidad para el mejor de obtener la candidatura demócrata para participar en la elección.

Jack no quiso desaprovechar la ocasión que se le brindaba.

La acogida fue entusiasta, pero aunque el nuevo candidato tenía a su favor un impecable historial familiar al que reforzaban sus innegables cualidades particulares, iba a encontrarse con muchas y no siempre agradables sorpresas. Jack tenía en contra algunas cosas. La primera y principal era el estilo marrullero de los políticos locales que se pasaban el tiempo metidos en los bares intentando ganar clientes electorales. El joven Kennedy planteó desde el primer momento la lucha electoral en un terreno mucho más sencillo. No recurriría al juego sucio, pero tampoco iba a hacer la menor concesión a los caciques.

Jack, impaciente como era, inició la campaña muy pronto. Su escasa experiencia en las cuestiones electorales y el desconocimiento del terreno que pisaba, le hicieron precavido. En la campaña no estuvo solo. Su hermano Robert, que cumplía servicio en la Marina, a bordo del destructor *Joseph P. Kennedy*, tan duro y luchador como Joe, acudió a Boston y le ayudó mucho, así como el resto de su familia. Prácticamente, se podría decir que en esta primera campaña ya se formó el equipo que posteriormente le llevaría hasta la Casa Blanca.

Para darse a conocer, el propio Jack ideó una estratagema muy peculiar. Su madre, sus hermanas y amigos debían invitar a varias personas a merendar, para que el candidato pudiera desarrollar su programa y ganarse la confianza de los electores. Todos los días asistía a media docena de fiestas de esta clase, y además entraba en las tiendas, visitaba las fábricas y recorría todos los lugares y establecimientos de donde pudiera obtener votos.

Así lo explica Rose Fitzgerald:

> *Todos nosotros, por supuesto, queríamos ayudar también. Aquel año de 1946, incluso Teddy, que contaba catorce años, era lo suficientemente mayor para poder hacer un trabajo útil en la oficina, con el café y los bocadillos. Eunice, que tenía veinticinco años, controlaba las llamadas telefónicas y era la directora general de la oficina en la delegación central de Bellevue. Bobby, que cumpliría veintiún años aquel noviembre, se había retirado de la escuela de cadetes después de la muerte de su hermano Joe, y terminó su servicio militar como marinero en el destructor Joseph P. Kennedy. Tras su licenciamiento aquel verano dedicó su tiempo a la campaña, encargándose del sector de East Cambridge. Pat, que tenía veintidós años, y Jean,*

con dieciocho, realizaron las innumerables tareas de
oficina que exige una campaña bien organizada, hacían
sugerencias, mantenían el control, organizaban reu-
niones y desfiles y llamaron a miles de puertas para
recordar a los asombrados cabezas de familia que
eran hermanas de Jack Kennedy y que éste sería un
magnífico congresista, y dejaban propaganda donde
se describían las razones.

Ni que decir tiene que Joe estaba interesadísimo en
la campaña y participó en ella día tras día, aunque
procuró permanecer entre bastidores. Debido a su
posición no intervencionista, que sus adversarios cali-
ficaron de aislacionista antes de lo de Pearl Harbour,
se había convertido en una figura pública discutida y
no quería que esto afectara a la candidatura de Jack.
Además, no quería que calificaran a su hijo como «hijo
de millonario» o «niño rico mimado».

Pronto tuvo Jack que luchar contra sus rivales. Uno de sus
contrincantes le regaló el calificativo de «pobre señorito millonario»; otro candidato le ofreció nombrarle secretario suyo
en Washington si accedía a retirarse de la campaña; también
se acusó a Joseph Kennedy de comprar votos para su hijo
«inútil y enfermizo».

En realidad, durante el tiempo que duró aquella primera
campaña, el aspecto de Jack no era verdaderamente agradable. Su cara ofrecía un color amarillento, debido a la medi-
cación que tomaba contra la malaria, y estaba muy delgado.
Además, su espalda se resentía cada vez más y los dolores
hacían mella en su rostro.

No obstante, a pesar de estas dificultades no se desanimó
en ningún momento.

El resultado no se hizo esperar. John Fitzgerald Kennedy
obtuvo tantos votos como sus ocho oponentes juntos. Uno
de sus rivales se atrevió a afirmar que quien llevaba los dos

nombres de Fitzgerald y de Kennedy no tenía necesidad de entrar en la disputa ya que el puesto estaba asegurado de antemano. Sin embargo, para Jack no había resultado fácil.

Kennedy obtuvo una victoria resonante, convirtiéndose de esta forma en el miembro del Congreso más joven que Boston había tenido en los últimos cincuenta años, es decir, desde que su propio abuelo había resultado elegido para el mismo en 1894.

Pero una vez en el Congreso las cosas no resultaron nada fáciles para John F. Kennedy. En primer lugar, no tenía un credo político definido, y tampoco su programa era muy claro. Mientras unos lo consideraban liberal otros le tachaban de conservador. Finalmente, acabó por definirse como demócrata de Massachusetts. En sus discursos atacaba a los políticos ansiosos de poder, cuyo único objetivo era convertir a los hombres en cifras y anular la dignidad individual. Por otro lado, trataba de definir la política americana de la posguerra y se mostraba partidario de impedir al precio que fuese el estallido de una tercera conflagración mundial. Abogaba por la colaboración con Gran Bretaña, el apoyo a la China nacionalista y la creación de un bloque europeo occidental. Creía que Estados Unidos debía permanecer fuertemente armada, aunque sin intervenir a gran escala en los asuntos internacionales. En cuanto a la Unión Soviética, se inclinaba por una política del todo realista, trazando límites que los comunistas no osaran traspasar.

En 1946, su padre decidió acabar con el negocio de licores. En realidad, le iba muy bien y obtenía grandes beneficios, pero acabó por considerar que aquello no beneficiaría al joven político y que lo mejor era evitar toda crítica que pudiera perjudicarle. El propio presidente Truman había comentado cierta vez a unos amigos: «Es preferible que bebáis *bourbon*. Cada vez que bebéis whisky escocés aumentáis las riquezas de Joseph Kennedy.»

CAPÍTULO XIII

ASPIRANTE A SENADOR

John F. Kennedy llevaba ya dos años en el Congreso, y empezaba a aspirar a un cargo superior. Pensó en el puesto senatorial del republicano Leverett Saltonstall. Pero Saltonstall había sido siempre un contrincante feroz en materia de campañas electorales. Y aquel año de 1948 no le pareció a Kennedy el más adecuado para presentarse, pues la desviación izquierdista de los progresistas de Wallace y la marea antidemócrata del 1946 seguían en alza, mientras que la popularidad de Truman declinaba de tal forma que demócratas importantes pensaron en destituirlo y nombrar, quizá, al propio general Eisenhower.

Por tanto, Jack dejó pasar aquel año de 1948. Aunque no perdía el tiempo. Era necesario que le conocieran en el Estado si deseaba un cargo estatal. Prodigaba sus discursos por todo el Estado de Massachusetts aunque sin saber a ciencia cierta hacia dónde dirigir sus aspiraciones.

A principios de 1952, Kennedy llevaba ya recorridas en campaña la mayoría de las ciudades y poblaciones que componen el Estado de Massachussets.

De improviso se presentó una oportunidad para obtener un puesto en el Senado. En 1952 Henry Cabot Lodge hijo tuvo que recurrir a su reelección. Lo cierto es que a nadie se le hubiera ocurrido oponerse a un candidato tan fuerte como Lodge, pero Jack lo hizo un poco presionado por su padre, que pensaba que si llegaba a derrotarlo habría derrotado al «mejor».

El asunto se presentaba difícil, pues Eisenhower, que era el candidato presidencial por el Partido Republicano y, a la vez, uno de los hombres más prestigiosos y populares de Estados Unidos, apoyaba incondicionalmente a Lodge.

¿Con qué armas podía contar Kennedy para ganar a Lodge? Cuanto más estudiaban los consejeros de Jack a Lodge y sus actuaciones, más desesperaban de descubrir algún punto vulnerable. Entonces, los colaboradores de Kennedy empezaron a dividirse en dos campos: unos le instaban a hacer más hincapié en los programas de reforma social, libertades civiles e intervención económica y militar en el extranjero. Los otros sostenían puntos de vista muy diferentes. Consideraban que Kennedy podía atacar a Lodge desde la derecha.

Jack escuchaba atentamente a unos y a otros. Pero todavía no estaba muy preparado para decidir entre ambas tácticas. Él, por su parte, tenía sus propios proyectos.

John F. Kennedy contó desde el principio con ayudas muy importantes dentro de su familia. Bobby se hizo cargo de la dirección de la campaña. Sus hermanas se trasladaron a su lado para participar en las reuniones, aunque, en realidad, fue Rose quien dio a la campaña un tono singular y atrayente en favor de su hijo. Las mujeres de la familia se lanzaron al unísono al ataque, convirtiendo el té en una verdadera arma política. Se cuenta que en una de las recepciones que ofrecieron llegaron a servir casi 9.000 tazas de dicha infusión.

> *Recordando el enorme éxito de la recepción y té que habíamos dado en Cambridge en 1946, decidimos hacerlo de nuevo. Yo había de ser la anfitriona —escribe Rose Fitzgerald Kennedy—, aunque me asistirían siempre dos o tres de las muchachas para que se convirtiese en algo familiar.*

El objetivo básico de la invitación sería: «Venga y conozca al candidato y a los miembros de su familia.» En determinado momento, yo subiría al estrado, pronunciaría unas palabras de bienvenida y presentaría a Jack, que daría una breve charla informal subrayando los puntos más importantes de su campaña, y, sobre todo, daría a los invitados la posibilidad de verle y de sentir el calor de su personalidad.

Resultado de aquellos esfuerzos fue la victoria de John Fitzgerald Kennedy por setenta mil votos de diferencia. Con ello no sólo conseguía un resultado brillante, sino que se equilibraba la desproporción que hasta entonces existía entre los Kennedy y los Logde, cuando uno de sus antepasados había derrotado al abuelo de Jack al presentarse éste como candidato al Senado.

La campaña había sido un modelo de organización, disciplina y excelente planteamiento.

Mientras Jack obtuvo su victoria sobre Lodge, Eisenhower obtenía más de doscientos mil votos de diferencia, en el mismo Estado, sobre el candidato demócrata a la presidencia, Adlai Stevenson. Jack estaba orgulloso de haber derrotado en Massachusetts al candidato del presidente triunfante.

Sin embargo, para Jack, aquella campaña fue muy dura. Durante ella había vuelto a quejarse de su antigua lesión, llegando a dar la impresión de que no podría continuar. La herida que había dejado la operación no se había cerrado bien, y ya durante un viaje realizado con Bob y Pat en 1951 se había puesto gravemente enfermo, de tal forma que se había temido un fatal desenlace.

En esta ocasión, mediada la campaña, Jack tuvo que decidirse a utilizar muletas, pero nunca quiso admitir que aquello hubiera podido perjudicarle en la campaña. Tenía extremado cuidado de dejar las muletas a la puerta del local donde tuviera que pronunciar el discurso y caminaba erguido hasta la tribuna, lo que debía ocasionarle considerables molestias. Kenny O'Donnell escribió lo siguiente sobre este tema:

> *Jack Kennedy viajaba con muletas, que ocultaba en el coche cuando llegaba al local donde le esperaba el público. Dave le veía apretar los dientes mientras caminaba con decisión desde el coche a la puerta donde el director o los miembros del comité le esperaban para saludarle, pero luego, al entrar en el local, tenía que saludar también al público, y había de mantenerse erguido y sonriente, y parecer tan fuerte y vigoroso como el campeón del mundo de los semipesados.*
>
> *Luego, una vez terminado el discurso y contestadas todas las preguntas que le hacían, había de estrechar las manos de todos, y después le ayudábamos a entrar en el coche y se echaba hacia atrás en el asiento y cerraba los ojos aguantando el dolor. Cuando llegábamos al hotel él sacaba las muletas de debajo del asiento trasero y las utilizaba para subir las escaleras. Después, yo llenaba la bañera de agua caliente y él se metía allí a relajarse durante una hora antes de irse a la cama.*

El coste de aquella la campaña se calculó en más de medio millón de dólares, empleados en publicidad y en gastos de organización y personal. Sin embargo, al padre de Jack Kennedy no le importaba haber gastado aquella considerable suma, porque uno de sus sueños empezaba a cobrar realidad, aunque quizá no en el hijo que él hubiera querido. Sin embargo, Joe había muerto y el viejo patriarca había puesto todas sus ilusiones en el joven Jack.

En los tiempos de su noviazgo con la redactora gráfica Jaqueline Le Bouvier.

101

CAPÍTULO XIV

JACQUELINE LE BOUVIER

Jacqueline Le Bouvier, como hemos dicho anteriormente, apareció en la vida del aspirante a senador John Fitzgerald Kennedy en la primavera de 1952, cuando ambos coincidieron en casa de Charles Bartlett, corresponsal en Washington del *Times* de Chattanooga.

Jacqueline no era ya la jovencita un tanto regordita y sencilla que había sido anteriormente. Se había vuelto más sofisticada y tenía una aguda expresión. Indudablemente, los años de trabajo como reportera gráfica habían servido para dotarla de una experiencia y de un don de gentes que antes no poseía. Jacqueline era una periodista afamada cuyos trabajos eran muy solicitados.

La joven quedó gratamente impresionada por la personalidad de John. Le encantó especialmente su modo desgarbado y juvenil de vestir y su atractiva espontaneidad. La reunión fue un éxito y ambos se separaron con la placentera sensación de haber establecido lazos duraderos.

Jacqueline había culminado su ascensión en el mundo de la prensa después de una existencia que no había tenido nada de vulgar; muy al contrario, había estado dotada de grandes elementos de interés.

Había nacido el 28 de junio de 1929, pesando al nacer tres kilos y doscientos gramos, y había llegado con seis semanas de retraso. Posiblemente fuera por este motivo por lo que la niña estaba muy desarrollada y tenía un aspecto sano y vigoroso.

Sus padres eran John Vernon Bouvier y Janet Lee. Se habían conocido durante un veraneo y en sus familias respectivas reinaba el bienestar que da una elevada posición social y abundancia de recursos económicos. Janet era fina, delicada y culta. John era muy atractivo físicamente, lo que le comportaba a veces verse asediado por numerosas mujeres a las que miraba con cierto aire despreciativo.

Jacqueline cursó estudios en la Universidad de Yale. Los Bouvier procedían de Francia, nación que habían abandonado generaciones antes para trasladarse al nuevo país. Uno de sus antepasados había luchado a las órdenes de Lafayette en la guerra de Independencia, y en Philadelphia existe una calle llamada Bouvier en su honor. Empezando con el negocio del mármol, la fortuna familiar fue en aumento, de modo tan espectacular, que cuando John conoció a Janet, tenía ya un asiento permanente en la Bolsa. Por su parte, los Lee eran potentados en bienes inmuebles.

Los padres de Jacqueline vivían en un apartamento situado en Park Avenue, donde vino al mundo y fue criada Jacqueline. Ésta, de carácter independiente, voluntarioso y terco, físicamente se parecía mucho a su padre.

La niñez de Jackie fue muy agradable. Una anécdota graciosa y demostrativa de su carácter nos cuenta que cierto día se perdió en Central Park y al encontrarla un guardia le explicó muy seria que quien se había perdido era su niñera.

Aprendió a leer muy pronto, y a partir de entonces devoraba literalmente cuantos libros caían en sus manos. Pronto empezó a montar a caballo lo que se convirtió en una de sus aficiones favoritas.

En 1933 nació una hermana de Jacqueline, con lo que las atenciones de los Bouvier quedaron repartidas entre ambas, lo que motivó celos y riñas que las tuvieron en constante lucha durante algunos años, hasta que un acontecimiento desgraciado las obligó a unirse para encarar mejor las dificultades de la existencia. Las relaciones entre sus padres se habían deteriorado hasta el punto de que Janet presentó demanda de divorcio, que finalmente le fue concedido seis meses después.

Este episodio contribuyó en gran manera a crear el carácter reservado de Jacqueline, que tenía entonces once años y su tendencia a retirarse al refugio de su mundo particular, volviéndola un poco huraña.

Jacqueline ansiaba la llegada de los domingos, por ser el día que su padre las visitaba, cosa que hizo de manera regular hasta su fallecimiento, ocurrido en 1957. Los restantes días de la semana Jacqueline los dedicaba a estudiar concienzudamente, con lo que se convirtió en una alumna destacada. Pronto demostró dotes artísticas y un espíritu altamente imaginativo y brillante. Durante un año asistió a una escuela preparatoria, y luego ingresó en una institución particular donde no sólo aprendió las disciplinas clásicas sino también el arte de convertirse en una dama. En aquella época empezó a escribir poesías y también se aficionó a la danza.

Durante su adolescencia fue matriculada sucesivamente en distintos colegios: Holton, Arms, Chapin, Farmington, Vassar y algunos más. Pasaba los veranos en East Hapton, con su padre, y más adelante en Newport con su padrastro, ya que Janet había vuelto a casarse, pues era de religión presbiteriana. En cambio, el señor Bouvier nunca contrajo nuevo matrimonio, por ser de religión católica.

El hombre con el que se casó Janet después del divorcio de su primer marido era Hugh Auchincloss, de ascendencia escocesa, al que ella siempre llamó «tío Hugh». Cuando Jackie contaba quince años nació su hermanastra Janet.

Su personalidad empezaba a alcanzar una nueva dimensión. Durante unas vacaciones efectuó un viaje a Europa, y París la dejó maravillada. En 1949 regresó a Francia, como alumna de la Universidad de Grenoble y más tarde estuvo en la Sorbonne, regresando a Estados Unidos para dedicarse al estudio del Arte.

Ganó un concurso de la revista *Vogue* y celebró su veintidós aniversario en Florencia, y a su regreso a América decidió buscarse un empleo, consiguiéndolo en el *Washington Times Herald*, gracias a un amigo de la familia que a su vez lo era de los Kennedy.

Después del encuentro en casa de los Bartlett, Jack y Jackie estuvieron un tiempo sin verse. Mientras, Jackie había roto su compromiso con un pretendiente a su mano, un joven llamado Husted al que llevaba algún tiempo sin ver.

De Jackie escribiría la madre de Jack una vez muerto éste:

> *Oí hablar de Jackie por primera vez en el invierno de 1951. Estaba de vacaciones con Lee, su hermana más pequeña, en Palm Beach. Jackie trabajaba en Washington, en un periódico, y conocía a varios de nuestros hijos, ya que por aquella época Jack, Eunice y Bobby trabajaban todos en Washington.*
>
> *Así, Jackie fue invitada a pasar unos días en nuestra casa de Palm Beach estando alguno de ellos allí. Yo no estaba por aquellos días. Me entretuve en otras cosas y llegué un poco más tarde aquel año. Poco después, sin embargo, recibí una carta de agradecimiento. La firma decía «Jackie». Yo pensé que se trataba de un muchacho y me pareció extraordinario que un chico escribiera una carta tan encantadora.*
>
> *Pregunté entonces quién era Jackie y resultó ser una chica, y comencé a oír una serie de cosas buenas sobre ella de miembros de la familia, y que Jack salía con ella a menudo y que al parecer le gustaba mucho.*
>
> *No la conocí hasta el año siguiente, hasta el verano de 1952 en Hyannis Port.*
>
> *Jackie me gustó inmediatamente.*

CAPÍTULO XV

LA BODA DEL AÑO

Durante la campaña por obtener un puesto en el Senado, John F. Kennedy vio algunas veces a Jacqueline. En cierta ocasión, al llevarla a su casa, el automóvil se averió y la joven le prestó el de su padrastro, quien a la mañana siguiente se encontró en el garaje con un vehículo bastante feo y estropeado en vez de su flamante último modelo. Más adelante se publicaron unos reportajes de Jacqueline sobre el ya senador que merecieron de John el calificativo de excelentes.

Poco después Jackie dejaba su trabajo en el periódico, y el 25 de junio se anunciaba su compromiso oficial con el senador John Fitzgerald Kennedy. Tres meses más tarde, el 12 de septiembre de 1953, la joven de quien siempre se dijo que no se casaría nunca, era unida en matrimonio con su prometido en una de las ceremonias más fastuosas que recuerda la sociedad de Newport, oficiada por el cardenal Cushing, quien fue invitado para ello y llegó expresamente desde Boston.

La luna de miel tuvo como escenario Acapulco, donde ocuparon una casita con vistas a las rompientes del Pacífico. Cuando terminó el viaje de novios regresaron a Estados Unidos, iniciando una existencia que iba a ser muy distinta a la que ambos llevaban antes de su matrimonio. Y no sólo porque dicho estado iba a modificar de modo ineludible el estilo y la forma de su vida, sino porque una serie de acontecimientos iban a influir poderosamente en ellos, convirtiéndolos en personajes importantes de la historia de su país y del mundo entero.

Una vez inmersa en su nuevo círculo familiar, Jacqueline tuvo que adaptarse a condiciones distintas a las que fueran normales en ella hasta entonces. Mujer de costumbres tranquilas, el solo hecho de presenciar el constante ir y venir de los Kennedy la agotaba terriblemente, según ella misma llegó a manifestar. Su afición favorita seguía siendo la equitación, pero los Kennedy se inclinaban hacia otras prácticas, como las regatas de balandros, el esquí acuático y el rugby. No obstante, intentó amoldarse a aquellas prácticas, aunque después de dislocarse un tobillo siguió practicando la equitación.

Como grupo familiar, no cabe duda de que los Kennedy eran capaces de anonadar a cualquiera. Jackie comprendió que si quería adaptarse a ellos y al mismo tiempo conservar su personalidad, debía actuar de manera sagaz. Desde el principio decidió defender sus posiciones, inmiscuyéndose lo menos posible en las ideas de los demás.

Jacqueline no quiso doblegarse nunca ante la actitud rigurosa de su suegro y fue la primera que se atrevió a rebatirlo si alguna cosa no le parecía bien. Se negó enérgicamente a cenar con los Kennedy a diario, relegando aquella obligación a una noche por semana. Joseph Kennedy se contrarió bastante a causa del desafío de su nuera, produciéndose cierta tensión, que estalló cierto día cuando Jackie se retrasó a la hora de comer. Joseph le recriminó entonces su falta de formalidad, pero Jackie no se inmutó e imitando la afición del ex embajador a las frases construidas con juegos de palabras, le obsequió con algunas de ellas que lo dejaron anonadado. Finalmente, viejo patriarca del clan se echó a reír y a partir de aquel momento las relaciones continuaron dentro de una atmósfera más cordial. Jackie había ganado la primera batalla. Algún tiempo después le regaló a su suegro unas acuarelas que merecieron muchos plácemes y fueron colocadas en lugares de privilegio.

Intervención quirúrgica

Después de la boda y a consecuencia de la intensa campaña que le había llevado al Senado, la dolencia espinal de Jack había ido empeorando, y aunque nunca se quejaba, el dolor le tornaba a veces irritable y huraño. Los médicos insistían en que el mejor modo de terminar de una vez por todas con aquella molestia era practicando una operación un tanto arriesgada. Jack padecía también insuficiencia adrenal, posiblemente motivada por las penalidades de la guerra y las fiebres padecidas después, lo que disminuía sus defensas ante una posible infección. Uno de los médicos no tuvo inconveniente en afirmar que sus posibilidades de supervivencia eran escasas; pero él estaba decidido a correr el riesgo antes que tener que usar siempre muletas. Por el momento, no obstante, la fecha de la intervención fue aplazada.

Esta situación constituía una dura prueba para Jacqueline. Cierta vez los fotógrafos la sorprendieron, sombría e irritada, en el fondo de su automóvil mientras en el vehículo precedente John estrechaba las manos a una multitud enardecida. Nunca le gustó la política y nunca trató de disimularlo. Pero era una situación tan firmemente arraigada en la personalidad de su nueva familia que no intentó modificarla en modo alguno.

Un año después de la boda, Jackie reanudó sus tareas artísticas y procuró aumentar sus conocimientos matriculándose en una escuela para especializarse en historia americana, lo que agradó sumamente a Jack, aparte de que en adelante constituiría una ayuda apreciable para ella cuando su esposo accedió a la presidencia. También perfeccionó los idiomas, sobre todo el francés y el castellano que ya dominaba con cierta corrección.

El 21 de octubre de 1954, es decir, trece meses después de su boda, John F. Kennedy ingresó de nuevo en un hospital para ponerse en manos de los especialistas. Las cosas no marcharon bien desde el principio y su familia llegó a temer un fatal desenlace. Una noche fueron llamados, pues la fiebre de John era muy alta como consecuencia de una infección de la herida, y parecía imposible la recuperación. El estado del enfermo se agravó hasta el punto de que fue llamado un sacerdote para que le administrara la extremaunción.

Milagrosamente casi, pasó la crisis y Jack salió del peligro. No obstante, durante varias semanas tuvo que permanecer inmóvil en una habitación a oscuras, sin poder leer ni sentarse. Cada media hora había que tomarle muestras de sangre para controlar cualquier posible infección.

Cuando fue dado de alta se trasladó a Florida, para pasar allí el período de convalecencia. En Palm Beach las cosas siguieron presentando un aspecto dudoso. La mejoría progresaba tan lentamente que los médicos aconsejaron una segunda operación. Así que en febrero de 1955 volvió a ingresar en el hospital neoyorquino, donde antes de pasar a la mesa de operaciones le fueron administrados otra vez los Santos Sacramentos. Pero también esta vez sobrevivió, gracias a su fuerza de voluntad y a sus ganas de vivir.

Sin embargo, el futuro presidente padeció en adelante una deficiente salud, que él soportó estoicamente, procurando incluso disimularlo lo mejor posible, pero sufriendo mucho en cuantas campañas electorales intervino.

Durante bastantes años tuvo que inyectarse para corregir su alergia a los perros. Comía poco y a menudo, procurando no asistir a banquetes, prefería hacerlo en las habitaciones de los hoteles donde se hospedaba en las campañas electorales o en cualquier cafetería.

También, de resultas de una herida producida en la rodilla derecha en la adolescencia, le quedó un fuerte dolor que con el tiempo se le fue incrementando llegando incluso en ocasiones a provocarle una leve cojera.

A finales de aquel mismo mes de febrero salió definitivamente del hospital, tomando un avión que lo condujo de nuevo a casa de su padre.

Durante toda aquella dura prueba, Jacqueline animó constantemente a Jack. Las enfermeras y demás personal, por su parte, se esforzaron en hacer llevadera la estancia de John Kennedy en el hospital, cosa que no fue fácil considerando que se trataba de un hombre dinámico y poco acostumbrado a la inmovilidad forzosa. Pero fue sobre todo Jacqueline quien puso en práctica la terapia más adecuada, permaneciendo a su lado, leyéndole libros y revistas y escribiendo sus notas, siempre animosa y alegre, confiada en el porvenir, y llena de energía y de vida. Recorría las viejas librerías en busca de volúmenes que pudieran interesar a su marido, y animaba a amigos y conocidos a visitarle frecuentemente.

Profiles in Courage

Una vez definitivamente curado y dado de alta, John F. Kennedy se marchó con Jacqueline a Palm Beach con objeto de recuperarse. Su estancia allí se prolongó cinco meses, y durante aquel tiempo no todo se desarrolló de manera feliz, pues los dolores no habían cesado totalmente y le impedían dormir más de una hora seguida.

Con objeto de distraerse, Jack se dedicó con afán a estudiar personajes históricos. Ya antes de hospitalizarse, había iniciado algunas investigaciones en este sentido —recordemos que su interés en el valor en política se remontaba a más de quince años atrás, a la época en que escribía *Por qué se ha dormido Inglaterra*—. Durante aquella época de

111

convalecencia, hizo honor al carácter paciente heredado de su madre, pues no se quejó nunca.

Resultado de sus lecturas empezó a escribir un libro sobre algunos políticos y sus reacciones ante problemas surgidos por la defensa de principios poco populares.

La Biblioteca del Congreso le mandaba cajas enteras de libros, mientras que el incansable Theodore Sorensen le buscaba material en Washington, ayudaba en la redacción de la obra y repasaba y hacía repasar sus notas por historiadores y eruditos.

La obra le sirvió a Jack de alivio a su mal.

Con el tiempo, aquella serie de biografías se publicaron con el título de *Profiles in Courage*, y fueron objeto de una gran acogida.

Tanto periódicos como revistas le dedicaron extensos comentarios, y obtuvo grandes elogios por parte de la crítica. Los lectores quedaron agradablemente sorprendidos de que un político, un senador, fuera tan culto.

El libro interesaba tanto por el tema como por el autor, de forma que aquella serie de breves biografías de hombres valerosos despertó la atención doblemente.

Algunas de las biografías insertas en el libro se publicaron como artículos aislados en revistas. Así, el libro se convirtió, también, en un filón inagotable de anécdotas, citas, ideas y hechos históricos para los futuros discursos del propio Kennedy.

Al año siguiente se le otorgó el Premio Pulitzer para biografía, aunque él se quejó aduciendo que no era digno de ello.

En enero de 1957, la empresa Gallup hizo una encuesta sobre cuál de los dos candidatos demócratas a la presidencia, Kefauver o Kennedy, era preferido. Salió elegido Kennedy por un tres por ciento de diferencia. A los cuatro meses, en contestación a la misma pregunta, el tanto por ciento había aumentado hasta llegar a ser de un quince por ciento de

La noche del 13 de julio de 1960 fue elegido candidato a la Presidencia por el Partido Demócrata.

diferencia. Esto se debió, lógicamente, a haber ganado el Premio Pulitzer.

Sin embargo, no faltó quien, considerando incapaz a un senador de poder escribir un buen libro, lanzó la injuria de que éste había sido escrito enteramente por Sorensen o por alguna otra persona. Evidentemente, la gente no recordaba ya el anterior libro escrito por Jack.

Es evidente que para la redacción de esta nueva obra, Kennedy recibió más ayuda de lo que hubiera sido necesario en una situación normal, debido, precisamente, a su enfermedad. Pero Kennedy, disgustado con las afirmaciones que se hicieron sobre la paternidad del libro, amenazó con procesar por difamación a quien se le había ocurrido la idea de hacer circular el rumor que el libro no había sido escrito por él. Sin embargo, no por ello los rumores dejaron de circular.

En realidad, el libro de Kennedy era en cierta forma un acto de autoafirmación valeroso e inconformista, pero se trataba de una simple fase en el desarrollo intelectual y político del autor.

Su estudio sobre el valor le ayudó a liberarse del concepto estrecho que responsabilizaba al político única y exclusivamente en relación con su distrito electoral. Así, le abrió las perspectivas de dirigentes políticos que desafiaron la opinión dominante en sus Estados y distritos respectivos porque había algo más importante por lo cual luchar y arriesgarse.

Jack Kennedy había dedicado el libro a su esposa, agradeciéndole el haberle alentado en los peores momentos de su vida y en la tarea de escribir una obra laboriosa que tanto había contribuido a reforzar su personalidad de escritor.

CAPÍTULO XVI

NUEVOS AVATARES
PARA LOS KENNEDY

Después del éxito obtenido con su libro *Profiles in Courage*, Jack empezó a plantearse la idea de ser nominado para la vicepresidencia. Le gustaba figurar en la candidatura con el ex gobernador de Illinois y prestigioso intelectual Adlai Stevenson, pues su triunfo en la Convención Demócrata parecía inevitable, aunque no ocurría lo mismo en lo concerniente a llegar a la Casa Blanca. Stevenson ya había sido derrotado en 1952 por Eisenhower, y los pronósticos señalaban al viejo Ike ganador de las próximas elecciones.

El viejo patriarca Joseph desaconsejó a su hijo sobre la idea de optar a la vicepresidencia, ya que daba por seguro el triunfo del candidato republicano. Pero no opinaban lo mismo sus ayudantes y colaboradores, que hacían cuanto podían para estimular a su jefe en busca del prestigio y la popularidad a nivel nacional. El interés de Jack fue creciendo a medida que se acercaba la convención.

Como él mismo y sus colaboradores habían previsto, no fue proclamado candidato a la vicepresidencia por la Convención Demócrata reunida en el mes de agosto en Chicago. Kefauver se impuso en la votación final. Pero Kennedy pronunció el discurso de presentación de Stevenson, que fue transmitido por todas las cadenas de televisión del país y su nombre escuchado en todos los Estados de la Unión.

Muchos delegados demócratas quedaron sorprendidos por el magnetismo que irradiaba su persona.

A partir de aquel momento, John ya no sería un simple senador, sino un dirigente político a escala nacional con seguidores en toda Norteamérica.

Jack en ningún modo se sintió humillado por la derrota. Muy deportivamente pensó que aún no le había llegado el momento y se dispuso a ayudar a los candidatos elegidos por el partido.

Terminada aquella aventura electoral, Jack decidió irse unos días a Francia para descansar. Jackie estaba en los últimos meses de su segundo embarazo y se encontraba muy cansada, por lo que prefirió quedarse en casa de sus padres en Newport.

Cuando Jack se encontraba viajando por el Mediterráneo le fue comunicada la noticia de que Jacqueline había perdido a su hijo, después de un parto difícil y tras una delicada operación en la que había estado a punto de perder la vida.

La llegada del pequeño había sido esperada con ilusión, y se habían realizado gran cantidad de preparativos para el feliz acontecimiento. Jack y su mujer tenían casa propia, cerca de Merywood, la residencia a la que tanto afecto profesaba ella. Se llamaba «Hickory Hill» y estaba dotada de habitaciones muy amplias, una de las cuales había sido preparada para el pequeño. En los jardines existía espacio para cabalgar y disponía de instalaciones para los caballos, piscina y un huerto. Sin embargo, a partir del terrible hecho, dejaron aquella casa, en la cual, andando el tiempo, fueron a vivir Robert y Ethel, pues el lugar era el adecuado para una familia en constante aumento, como la suya.

Jacqueline, después de la pérdida de su hijo, sufrió una profunda depresión. Su esposo había acudido a la clínica, después de haber recibido el mensaje urgente, y durante dos semanas no se apartó de su lado. Pero en seguida tuvo que reanudar sus actividades políticas, ya que un alejamiento prolongado hubiera podido perjudicarle. Posiblemente ese ajetreo le ayudó a sobrellevar mejor el disgusto que representó la pérdida de su segundo hijo. Anteriormente, Jacqueline había perdido a otro niño que hubo de ser extraído muerto en el curso de otra operación peligrosa. A Jackie le costó rehacerse de aquella segunda pérdida, pero después de algunos meses el matrimonio tuvo la alegría de saber que un nuevo bebé estaba en camino. Entonces lamentaron haberse precipitado al deshacerse de «Hickory Hill», y esperaron confiados el feliz acontecimiento, el cual se produjo al día siguiente de la fiesta de Acción de Gracias de 1957. La recién nacida era una niña, a la que impusieron el nombre de Caroline. Jack no tardó en demostrar grandes cualidades paternales, lo que no dejaba de resultar extraño en alguien tan absorbido por la política como lo estaba por fin el futuro presidente.

CAPÍTULO XVII

CAMINO A LA PRESIDENCIA

En la primavera de 1958, John F. Kennedy se había convertido para los americanos en el candidato presidencial más popular, aunque todavía no se había iniciado la campaña preparatoria para su presentación.

Cada semana se recibían en su oficina cientos de cartas solicitando que pronunciara discursos, y su fama iba aumentando día a día, a pesar de los detractores, que los tenía, en determinados sectores de su mismo partido.

Ted Sorensen, amigo personal e historiador de Kennedy, afirmó en varias ocasiones que el momento crucial en la carrera política de Jack se produjo a causa de un debate originado cuando se sometió a aprobación el proyecto de la vía marítima de San Lorenzo. Otras personas opinan que ese punto clave tuvo lugar precisamente en la Convención Demócrata de Chicago del año 1956. Aunque, posiblemente, Jack había decidido su futuro en el momento en que se enteró de que Joe había perdido la vida, decisión que poco después Joseph Kennedy había respaldado y apoyado con todas sus fuerzas y todos sus muchos millones.

Inteligente, organizador y buen estratega, con gran capacidad de razonamiento, antes de lanzarse a la campaña presidencial calibró las dificultades que tendría que vencer para ser aceptado como presidente por la mayoría del país.

En primer lugar, la primera dificultad era la de ser católico, pues era opinión común entre los políticos estadounidenses que ningún católico podía acceder a la Casa Blanca.

En la misma Convención del Partido Demócrata de 1956 la cuestión religiosa jugó en contra suya para la nominación a la vicepresidencia. Pero lo peor de todo era que hasta entonces ningún aspirante católico había conseguido superar los prejuicios y reservas del puritanismo y las diversas sectas religiosas contrarias a la Iglesia católica.

Otras dificultades eran su juventud y su condición de senador. Muchos le consideraban poco maduro para intentar acceder a la Presidencia. Pero lo peor de todo era, sin duda, ser senador. El único candidato que había llegado a la Casa Blanca siéndolo había sido Harding.

En cuanto a los judíos, que se esperaba que le rechazarían recordando las ideas aislacionistas y casi pro nazis de Joseph, acabaron por inclinarse también a su favor, considerándole un segundo Roosevelt, aunque más tarde el propio Kennedy no estuviera de acuerdo con esta opinión.

No obstante estos inconvenientes, Jack decidió lanzarse valerosamente a la batalla.

Era preciso, sin embargo, orillar muchos inconvenientes para su nominación por el Partido Demócrata. Había, por otra parte, algunas facilidades, como ser millonario, héroe de guerra, haber estudiado en las mejores escuelas y conocer a la perfección los conflictos y problemas del mundo; tampoco nadie podía discutirle su condición de escritor exitoso.

Convencido de la ineptitud del equipo republicano para seguir gobernando durante otro período, empezó a enfrentarse a sus rivales demócratas.

El 2 de enero de 1960, después de dos años de intenso trabajo, anunció finalmente su candidatura para la Presidencia. Inmediatamente el clan Kennedy se dispuso a ayudarle. Jack tenía entonces cuarenta y dos años.

Desde el primer momento Kennedy anunció a sus seguidores que su compromiso era total y que no pensaba retroceder ante ninguna adversidad, como tampoco pensaba aceptar el cargo de vicepresidente bajo ninguna condición. En caso de no salir elegido presidente, regresaría a su puesto en el Senado, pero no deseaba ser vicepresidente.

En aquel momento, el candidato oficial del partido era Stevenson, y los miembros demócratas de la Cámara de Representantes se inclinaban más bien por Johnson. Por su parte, el ex presidente Truman apoyaba a Symington. Y Eleonore Roosevelt se oponía a la candidatura de Kennedy y defendía fervientemente las de Stevenson o Humphrey.

Cuando empezó la campaña electoral se perfilaban claramente sobre los demás dos candidatos en el Partido Demócrata. Se trataba de Johnson y Symington. Y tardaron en darse cuenta de los magníficos recursos de energía que era capaz de derrochar aquel hombre al que sus adversarios calificaban de enfermizo y con un pie en el otro mundo.

La consigna de detenerle no tardó en circular entre los que se consideraban favoritos a la candidatura demócrata. Pero habían llegado tarde. El clan Kennedy se había puesto en marcha de un modo arrollador y unificado, como siempre. El activo y agresivo Bob había tomado, una vez más, la dirección de la campaña. Toda la familia ayudó en la batalla con el convencimiento de que se obtendría la victoria. Por otro lado, el famoso equipo fue ampliado con valiosos elementos y especialistas en campañas electorales.

Jack se había propuesto emplearse a fondo en los ambientes más hostiles y no se privó de ningún sacrificio para tomar posiciones ventajosas en dichas primarias que celebraban algunos Estados.

En Wisconsin se iba a enfrentar, en dichoa primarias, con uno de sus más temidos contrincantes demócratas, Humphrey. Kennedy se personó en el Estado con todo su equipo y familia. Humphrey, por su parte, movilizó a todos sus amigos, que también eran muchos. La mayor parte de los líderes sindicales, con Hoffa a la cabeza, que era el jefe de los sindicatos de los transportistas, al cual Jack y Bobby habían puesto al descubierto a través del Comité Antigansterismo del Senado, estaban en contra de Kennedy. Lo mismo sucedía con los portavoces de los granjeros y los políticos liberales. Todos apoyaban a Humphrey y la lucha fue enconada.

Los resultados de la votación en las elecciones primarias de Wisconsin fueron un éxito relativo, pero éxito al fin y al cabo. Kennedy venció en seis de los diez distritos, con lo cual tenía asegurados los dos tercios de los delegados del Estado.

Pero como Kennedy había imaginado, el problema confesional iba a ocupar un primer plano en su campaña en los diversos Estados donde tuvo que rivalizar con Humphrey, y así tuvo que defenderse de los ataques que éste le lanzaba constantemente.

La rivalidad entre los dos personajes llegó a su punto álgido en la campaña de Virginia. Humphrey planteó la cuestión sobre candidatos ricos y pobres, ya que Virginia sufría una mala situación económica, y basó su campaña exponiendo su condición humilde y su falta de recursos para poder competir con la publicidad de «los Kennedy». Llegó, incluso, a atribuir la fortuna del clan a cuestiones ilegales y a extorsiones.

No obstante, Jack triunfó también en Virginia. Y su triunfo fue todavía más aparatoso después de no poder ser demostrado que el clan había comprado votos.

Tras esta victoria, la candidatura de Kennedy entró en una fase arrebatadora, en la cual el futuro candidato a la presidencia iba ganándose a sus electores dando la imagen de líder nato con un gran carisma.

Durante la campaña se produjo un incidente internacional de carácter grave para la política exterior de Estados Unidos.

Ante la prensa, pocos momentos después de su triunfo en las elecciones presidenciales.

Un avión espía «U-2» fue derribado en vuelo sobre la Unión Soviética. Como consecuencia, el Premier soviético se negó a asistir a la cumbre convocada para aquel verano y que debía celebrarse en París. Estados Unidos fue atacada por la prensa izquierdista como belicista y provocadora. Kennedy también acusó de hipócritas a los gobernantes de la Casa Blanca y criticó muy duramente la política exterior de la administración republicana. Aquello le valió una contrarréplica por parte de sus adversarios, quienes le tacharon de ingenuo y se apoyaron en que era demasiado joven y no entendía de política para ocupar la Casa Blanca. No obstante, a sus adversarios todo aquello no les sirvió de mucho.

Tampoco el apoyo dado por Truman a los candidatos Symington o Johnson consiguió que Kennedy fuese detenido en su carrera política. Truman también se valió de la cuestión de la edad para atacarle durante el curso de una rueda de prensa televisada. Kennedy, que en aquel momento se hallaba descansando de la agotadora campaña en Hyannis Port, voló rápidamente a Nueva York e hizo frente contestando, en otra rueda de prensa, a todas las acusaciones de Truman.

La campaña continuó contra viento y marea, y conforme se aproximaba la fecha de la elección, más acerbas eran las críticas contra Jack y más acertadas las réplicas de éste, quien llegó a inculcar en toda América la idea de una nación defensora de las libertades mundiales.

Jack había llegado a concebir esta idea después de muchos años de servicio a la patria y de constantes desplazamientos por el extranjero. En casi cada Estado se organizó una oficina electoral, y el avión «Convair» de Kennedy no cesó de desplazarse de una punta a otra del país.

Mientras se aproximaba la fecha en la que sería declarado como candidato oficial a la presidencia, Jackie anunció que se hallaba embarazada de nuevo, lo que si bien constituía para ella un motivo de alegría, al propio tiempo lo era de contrariedad, pues le hubiera gustado permanecer junto a su esposo en el curso de los enconados debates.

A principios de 1960 acompañó a su marido en numerosos desplazamientos, trabajando sin descanso dentro de los límites que su estado le permitía.

Ella fue la autora de una idea que consistía en enviar a todos cuantos trabajaban en favor de su esposo frecuentes notas que bajo el título general de «Una esposa en campaña», informaba de los hechos más sobresalientes relacionados con la misma. Incluso en los últimos meses de embarazo no dejó de organizar tés y de aparecer en la televisión. La tarea que hizo Jackie fue tan intensa que confirió veracidad al dicho de que una mujer vale por diez hombres cuando interviene en la campaña electoral de su marido.

No obstante, los republicanos no dejaron de criticar lo que denominaban «utilización» de la propia esposa para fines políticos, e incluso llegaron a decir que el viejo Joseph había prometido un millón de dólares a Jacqueline si no se divorciaba de su hijo durante la crisis que se produjo después de perder al segundo bebé, lo cual hubiera resultado desastroso para alguien que se preparaba para la presidencia.

Candidato oficial a la presidencia

El día 11 de julio quedó abierta la Convención Demócrata en Los Ángeles. El cuartel general de Jack, a cuyo frente estaba Bobby con un numeroso y eficaz equipo colaborador, se estableció en el hotel Biltmore. Desde la planta octava del hotel el senador se mantenía en contacto telefónico con todos los despachos y residencias de sus colaboradores.

Todo estaba perfectamente organizado y no había lugar para la improvisación.

Los pronósticos de la prensa no eran, en general, favorables a Jack. La mayoría de comentaristas políticos le colocaban en la cola de los candidatos que se presentaban a la nominación.

Alrededor de las diez de la noche del 13 de julio empezó el llamamiento de las delegaciones para que entregaran sus votos a la presidencia.

Kennedy siguió por la televisión el recuento electoral. El resultado fue de 806 votos para Kennedy y, en segundo lugar, 409 para Johnson. Jack necesitaba 761 y había obtenido bastantes más.

El candidato oficial telefoneó enseguida a Jackie, que estaba en Hyannis Port en espera del nacimiento de su hijo. El resto de la familia se personó rápidamente al lugar de la Convención, aunque John Fitzgerald no fue con ellos.

Al día siguiente, Jack estaba planeando ya la siguiente etapa de su campaña, que ahora tenía un único fin: la presidencia del país.

Para la vicepresidencia, Jack escogió precisamente al hombre que más le había atacado en la campaña: Lyndon B. Johnson. Por ese motivo fue duramente criticado, pero no quiso dar su brazo a torcer, pues de esta forma respetaba el criterio mayoritario de los delegados demócratas.

CAPÍTULO XVIII
LA PRESIDENCIA

Joseph Kennedy comentó que nunca en su vida había visto un trabajo tan perfecto por lo que a la política respectaba. No obstante, debe tenerse en cuenta que el resultado había sido posible, al menos en gran parte, gracias a las enormes sumas de dinero puestas a disposición de la campaña con una generosidad sin límites, aunque al parecer no llegaron a tener las proporciones fabulosas que sus adversarios les atribuyeron. Se dijo que los dólares desembolsados antes de iniciarse la campaña propiamente dicha ascendieron a setecientos mil, y que el gasto total alcanzó los treinta millones de dólares. Fueron utilizados todos los medios de publicidad: televisión, radio, prensa... El avión particular de la familia no paró de efectuar vuelos al coste total de dieciséis mil dólares al mes. Esto por lo que se refiere únicamente a los gastos más evidentes. Pero fácil es imaginar la suma empleada en pagar servicios diversos, de los que todo candidato necesita y de los que el público apenas llega a tener noción. Los comentarios que aquel aparato propagandístico provocó en el país fueron de todas clases y tendencias.

Semblanza de un candidato

Al candidato a presidente que encabezaba la lista demócrata algunos meses antes del crítico año de las elecciones, le faltaban, en realidad, todas las condiciones consideradas como necesarias en un aspirante a presidente.

No era ni el gobernador de un gran Estado, ni un ministro, ni un veterano líder del partido, ni era protestante. No llegaba a los cincuenta años, edad considerada de plenitud política. Era, ni más ni menos, un simple senador que acababa de cumplir su primer mandato, católico y demócrata independiente.

Entonces, cabe preguntarse, ¿por qué millones de americanos deseaban elegir a ese hombre, todavía joven e inexperto, para la Presidencia? En parte, la carrera política de Jack Kennedy proporciona la respuesta.

Al comienzo de su actuación legislativa ganó el apoyo de gran variedad de líderes y de grupos políticos que veían en él un símbolo de moderación. Por otro lado, había estado realizando intensas y extensas campañas electorales, desde hacía cuatro años y en todos los Estados del país. Incluso fue a Puerto Rico y a las islas Vírgenes. Posiblemente apareció él ante más demócratas que ningún otro candidato demócrata a excepción de Stevenson. Y también a causa de su religión, su candidatura resultaba en cierta forma una especie de intriga. Además, gracias a la televisión y la publicidad, él era el único demócrata —también a excepción de Stevenson—, cuya imagen resultaba familiar a millones de americanos que no tenían demasiado interés por la política.

¿Cómo era la imagen de John Fitzgerald Kennedy para los americanos? No se trataba únicamente del aspecto físico, el contraste de una dentadura blanca con una tez bronceada y su mechón de cabellos, sino también el reflejo, aunque un poco superficial, de la personalidad del hombre en su aspecto exterior. En el verano de 1959 se realizó una encuesta preguntando a la gente cómo era Kennedy. Las respuestas fueron: inteligente, guapo, con una gran voluntad, de buena familia, agresivo, dinámico, enérgico, franco...

La mayoría de los republicanos también le dejaba en buen lugar, a pesar de que algunos le calificaban de ambicioso y pedante, y el defecto que le achacaban era, sobre todo, el de pertenecer al partido contrario.

Por su parte, los electores independientes mencionaron su honradez, su cultura y su imparcialidad.

En conjunto, como puede verse, los resultados de la encuesta fueron muy favorables para Jack.

Por supuesto, había gente a quien Kennedy no gustaba. Estas personas consideraban, sobre todo, que un presidente no debía ser tan joven y guapo. Otros le juzgaban oportunista y criticaban el apoyo de su familia, en especial el de su padre.

En realidad, John Fitzgerald Kennedy no era más que un hombre serio y concienzudo y casi tan despreocupado como el que más, a quien le gustaba el aspecto técnico y administrativo de la política, pero no las campañas. Kennedy tenía las cualidades de un intelectual. Le gustaba leer, pensar, analizar. Era distraído, como la gran mayoría de intelectuales. Aunque si Kennedy era un intelectual, lo era a su manera. Tenía una mentalidad más analítica que creadora, más curiosa y penetrante que filosófica, más ascética que racionalista.

Una cualidad definía a John Fitzgerald mejor que cualquier otra y ésta es el dominio de sí mismo. Nunca nadie, ni tan siquiera su madre, le había visto llorando o irritado. Su ambición y tenacidad en cuestión política, provenían de sus propias capacidades y posibilidades.

Campaña presidencial

De la misma forma que en la preparación de la campaña para la nominación, la carrera hacia la presidencia electrizó y puso en acción otra vez al clan Kennedy.

Cuando menos en apariencia, Kennedy no se presentaba en las mejores condiciones para salir victorioso. La

Convención había mostrado a un partido bastante dividido. Por otro lado, el sector más numeroso de los demócratas sureños era contrario a Kennedy, y los liberales que le habían dado sus votos se oponían a que eligiera a Johnson como vicepresidente.

Por su parte, en el campo opuesto, los republicanos parecían muy unidos. Richard Nixon, a la sazón vicepresidente de Estados Unidos, había sido nominado candidato a la presidencia sin ninguna oposición, y llevaba como vicepresidente a Lodge.

Cuando comenzó la campaña, las encuestas daban como favorito a Nixon por una amplia mayoría. En realidad, todo estaba a favor del Partido Republicano y en contra del Demócrata.

La estrategia de Kennedy en aquellas elecciones decisivas siguió la misma pauta que la del fallecido Roosevelt, intentando unificar las opiniones de católicos, judíos, negros y otras minorías, y coaligándolas con la política de los núcleos urbanos.

La gigantesca campaña fue planificada de forma minuciosa en todos sus detalles. Bobby se encargó una vez más de la dirección. Y fueron contratados nuevos especialistas y técnicos en campañas electorales. Además, a este dispositivo se unió la organización «Ciudadanos por Kennedy», compuesta por voluntarios que formaban avanzadillas encargándose de infundir entusiasmo en los actos organizados para recibir al candidato demócrata.

Kennedy, en sus discursos, habló de poner el país de nuevo en marcha, y de la obligación de todos los americanos de constituirse en los defensores de la libertad. Como buen conocedor de la Historia, asumió con entera responsabilidad el papel predominante de su país dentro del panorama mundial.

Kennedy consiguió dar a la campaña un sentido de exaltación, gracias a su magnetismo personal.

Pero, de la misma forma que anteriormente también había ocupado la religión un principalísimo papel, en la campaña para la presidencia tampoco se dejó de lado esta cuestión.

El primer ataque serio le llegó de la Convención Nacional de Ciudadanos en Pro de la Libertad Religiosa. Y Kennedy se defendió, como en anteriores ocasiones, aduciendo que los votantes no iban a elegir a un presidente delegado por el Vaticano.

No obstante, las críticas a su religión fueron en extremo duras.

Se distribuyeron más de trescientos tipos de folletos anticatólicos por millones de hogares norteamericanos.

Kennedy fue invitado a hablar ante la Asociación Eclesiástica de Houston, en Texas. Nixon, poco antes, había declinado una invitación parecida, pero Kennedy se vio obligado a aceptarla. Sin embargo, el discurso que pronunció fue uno de los mejores de toda la campaña, en el cual puso especial énfasis en dejar bien claro que pretendía una América en donde la separación de Estado e Iglesia fuera absoluta. A raíz de aquel discurso, la cuestión religiosa quedó en un segundo término, viéndose claramente que por aquel camino no se le podría derrotar. Kennedy tenía las ideas muy claras y no iba a permitir que la cuestión de la religiosidad le restara votos, a pesar de pugnar en un país donde el protestantismo es mayoritario.

Kennedy *vs.* Nixon, Nixon *vs.* Kennedy

Kennedy deseaba discutir cara a cara con su adversario los problemas políticos del país, por lo que lanzó su desafío al comienzo de la campaña. El total de debates concertados fue de cuatro, punto medio entre los tres que pedía Nixon y los cinco que solicitaba el candidato demócrata.

Nixon confiaba en su capacidad de improvisación, por lo que solicitó que las preguntas corrieran a cargo de un equipo de periodistas y expresó la condición de que ninguno de los dos llevaría ningún guión ni resumen de su programa.

El primer debate tuvo lugar en Chicago el 26 de septiembre de 1960 y fue difundido a todo el país. Este debate tuvo como tema central la política interior. El segundo se produjo el 7 de octubre en Washington; el tercero, el 13 de octubre, y mientras Kennedy hablaba desde Nueva York, Nixon lo hacía desde Hollywood. El cuarto se celebró en Nueva York y fue muy parecido al primero, durante el cual los dos adversarios expusieron su política exterior y contestaron a las preguntas de los periodistas. Todo aquello favoreció en extremo a Jack. Kennedy se mostró ingenioso y lúcido en las respuestas y, lo más importante, extremadamente seguro de sí mismo.

La opinión pública general fue que Kennedy había ganado la partida a Nixon. Los encuestadores privados de Jack opinaron que los indecisos que habían presenciado los debates televisados, darían su voto a Kennedy en una proporción de 3 a 1.

El día 7 de noviembre se cerró la campaña electoral. Al día siguiente él y Jackie depositaron su voto en su colegio electoral de Boston y luego tomaron un avión que les condujo a Hyannis Port, donde se retiraron a descansar. Jack estaba en un estado cercano a la postración nerviosa.

La campaña, con sus nuevos sistemas de obtención de votos, había resultado una dura prueba para el candidato demócrata, de la misma forma que debió de serlo también para el derrotado. En los últimos días, Jack sólo había dormido unas cuatro horas diarias, lo cual constituía una seria amenaza física tanto para su salud como para su equilibrio mental. Comía en el avión un bocadillo de cualquier cosa y tomaba tazones de sopa de almejas, que era su preferida.

Cuando John Fitzgerald Kennedy se despertó la mañana del 9 de noviembre de 1960, el objetivo tan largamente acariciado todavía no era una realidad, aunque ya estaba a punto

Aunque no era de su agrado, Jaqueline debía asistir a muchos actos oficiales junto a su esposo.

de concretarse. Jack desayunó en casa de su padre, donde se había reunido el clan. Más tarde se sentó en el pórtico de su casa y antes de comer estuvo hablando con Joseph Patrick Kennedy. Luego se fue a casa de Bobby, donde escucharon las informaciones que llegaban de todos los lugares del país. Durante la tarde, las noticias de los analistas se hicieron algo adversas, ya que muchos Estados parecían favorecer al candidato republicano.

Jack se mostraba tranquilo, o posiblemente el estado de cansancio no le dejaba demostrar alteración de ningún tipo. Por la noche cenaron con algunos amigos, y aunque los informes parecían ya más favorables, Kennedy se mostró escéptico.

Jackie se acostó a las once y media, en tanto que su esposo lo hizo casi a las cuatro de la madrugada, cuando todavía el resultado no estaba muy claro. Finalmente, a las cinco y media, la televisión difundía la noticia de que, aunque por muy escaso margen, Kennedy estaba consiguiendo la victoria. A las nueve y media, Jack se despertó en el momento justo en que se anunciaba que California acababa de inclinarse en su favor. Inmediatamente después, se proclamaba el triunfo de John Fitzgerald Kennedy, que quedaba convertido de esa forma en el trigésimo quinto presidente de Estados Unidos. Poco después, llegaron los telegramas de felicitación de Nixon y Eisenhower.

Kennedy había triunfado por una ventaja de ciento veinte mil votos sobre un total de sesenta y nueve millones. El margen había sido escaso, pero suficiente.

El resto de la jornada transcurrió entre felicitaciones y agasajos del exterior. Todos estaban allí: padres, hermanos, hermanas, con sus respectivos cónyuges, sobrinos, sobrinas y, sobre todos destacaban Jackie y Caroline, aunque Jacqueline pasó la mayor parte del tiempo paseando por la playa.

CAPÍTULO XIX

EL PRESIDENTE

John Fitzgerald Kennedy tomó posesión del cargo el 20 de enero de 1961. Por lo tanto, desde el momento del triunfo hasta el momento en que entrara en la Casa Blanca, había tenido setenta y dos días para conocer a fondo los problemas del país, planear su programa de gobierno y seleccionar a los hombres que habrían de formar su equipo.

Los primeros tres hombres que escogió para programar las tareas de transición fueron Sorensen, que se encargaría de las cuestiones del programa presidencial y actuación política; Salinger, encargado de las relaciones con los medios informativos, y O'Donnel, ayudante especial para la administración de su equipo.

La mañana del día de la toma de posesión apareció con nieve en las calles, a pesar de que tres mil soldados habían trabajado toda la noche para retirar la capa que alfombraba las calles de Washington. No obstante, las tribunas se hallaban rebosantes de invitados y el camino entre la Casa Blanca y el Capitolio atestado de gente.

La ceremonia empezó a las doce en punto y se abrió con unas palabras del poeta Robert Frost. Kennedy había invitado especialmente a 155 escritores, artistas e intelectuales de toda clase. Después de las palabras de Frost, el cardenal Cushing pronunció una larga oración y, tras ella, Kennedy prestó juramento de su nuevo cargo y pronunció su primer discurso como presidente de Estados Unidos.

Al día siguiente, el primero de su mandato presidencial, Jack se personó en el despacho a las nueve de la mañana. Tomó juramento al nuevo personal y su primer acto de gobierno fue firmar una orden por la cual se incrementaba la variedad y se doblaba la cantidad de alimentos gratuitos que recibían los cuatro millones de personas calificadas como «necesitadas».

Alejamiento de la familia

Kennedy se daba perfecta cuenta de que las cosas no seguirían siendo como antes. Uno de los cambios fundamentales fue el alejamiento de la familia, impuesto por los múltiples deberes que ahora tenía como presidente. Hubo quien llegó a decir que el viejo Joe no le dejaría de la mano fácilmente, y alguien afirmó incluso que tenía intenciones de instalarse en la Casa Blanca. Pero todo esto no fueron más que rumores, porque, a pesar de que hablaban frecuentemente por teléfono, lo cierto es que el patriarca sólo estuvo una vez en la Casa Blanca durante el primer año de mandato.

Por lo que respecta a Jackie, tuvo que conformarse con el alejamiento a que su nueva situación la obligaba, pero lo compensó con una actividad increíble. Desde su entrada en la residencia presidencial, Jacqueline empezó a reformarlo todo con celeridad. Contrató los servicios de un jefe de cocina francés, y cambió el mobiliario, instalando una mecedora para Jack, con lo que aquel mueble tan anticuado volvió a ponerse de moda. Mientras en el terreno político Kennedy se convertía en uno de los personajes más admirados y queridos, en el terreno particular aquella familia joven, elegante y culta se transformó en el ideal americano por excelencia y, consecuentemente, en modelo universal.

No obstante las abrumadoras obligaciones que el presidente debía atender, todavía encontraba tiempo para dedicarlo a los suyos. Cenaban juntos con frecuencia, y en algunas ocasiones se trasladaban a Hyannis Port a fin de disfrutar de unos días de descanso. El presidente, vestido con pantalón de franela y un chaleco de punto, parecía volver a aquellos tiempos en que en, compañía de sus hermanos, tomaba parte en competiciones náuticas, sin que pesara sobre su espalda la responsabilidad de gobernar al país más poderoso del planeta.

Jackie, ataviada de forma igualmente sencilla, pasaba muchas horas en la playa con sus hijos. Caroline y John-John crecían unidos por un fuerte amor a sus padres. La pequeña había sido iniciada desde muy temprando en la equitación, y también John-John empezó pronto a aficionarse a los caballos. Jackie procuraba estar con sus hijos todo el tiempo posible; en los momentos en que sus obligaciones le imponían una ausencia forzosa, aquéllos eran atendidos por sus niñeras e institutrices.

A Jacqueline le hubiera gustado que sus hijos no fueran objeto de tanta atención por parte de los servicios informativos. Pero, en cambio, a Jack no le importaba en absoluto. Otra de las cosas que molestaba a Jackie era la continua vigilancia de la policía. Aunque hacía lo posible para que los miembros del servicio secreto no influyeran en la vida de sus hijos, aquel inconveniente resultaba inevitable. A Jackie la sacaba de sus casillas verles de improviso detrás de unos matorrales mientras ella daba un paseo con los niños. Por otro lado, estaba la existencia oficial, que Jackie aborrecía notablemente, como indicó en más de una ocasión. Si podía, evitaba aparecer en público.

Los Kennedy seguían trasladándose también frecuentemente a su residencia de Palm Beach en Florida. Fue allí precisamente cuando en abril de 1961 estuvo a punto de ser víctima de un rapto, lo cual no sólo aterrorizó a toda la familia sino que hizo lo propio con el país entero. El servicio secreto recibió unas confidencias según las cuales partidarios de Fidel Castro intentaban secuestrar a la niña. Más adelante, aquella información se amplió en el sentido de que el complot incluía el asesinato de Jack y de algunos miembros del clan. No obstante aquella atmósfera de tensión, Jackie asistió con aparente calma a los servicios religiosos que se celebraban para conmemorar la Pascua, y los niños participaron en la búsqueda del huevo pascual como si nada sucediera. Afortunadamente, la policía desbarató los intentos de secuestro y la vida familiar siguió desarrollándose dentro de las normas que hasta entonces habían regido.

Y si Jacqueline era la primera dama, en las portadas de las revistas, en los pósters gigantescos de anuncios, otra mujer le hacía la competencia en popularidad, aunque su status social fueran bien diferente. Se trataba de Norman Jean Mortenson, más conocida por su «nombre de guerra» de la gran pantalla: Marilyn Monroe.

Nacida en Los Ángeles en 1926, había pasado su infancia en un insufrible recorrido por orfelinatos y familias adoptivas, pues su madre, enferma mental, no podía hacerse cargo de su educación. Violada a los nueve años, incapaz de adaptarse a un ritmo escolar, encontró su primer trabajo en una fábrica de paracaídas durante la Segunda Guerra Mundial. Allí la descubrió un fotógrafo que la recomendó a una agencia publicitaria.

Posó desnuda para un calendario y ése fue el medio por el que consiguió una prueba cinematográfica con la Fox y su primer contrato.

Su participación en *La jungla de asfalto* y *Todo sobre Eva* (1950) significó el salto a la fama y Marilyn se convirtió en el irresistible *sex symbol* de *Los caballeros las prefieren rubias*, *Cómo casarse con un millonario* o *La tentación vive arriba* (1953). Sin embargo, este reconocimiento no le bastaba, deseaba perfeccionarse y demostrar su capacidad dramática. Por esto se trasladó a la costa Este, al Actor's Studio de Nueva York.

Consciente o inconscientemente estaba deseando el mundo de Hollywood. La joven ingenua que estuvo casada nueve meses con el ídolo nacional de la América bienpensante, el jugador de béisbol Joe di Maggio, conectaba ahora con los intelectuales del Este e incluso se atrevía a casarse de nuevo con un escritor judío e izquierdista, el dramaturgo Arthur Miller.

Los estudios bramaron, pero Marilyn siguió adelante y protagonizó algunas de sus más famosas películas: *Bus Stop* (1956), *El príncipe y la corista* (1957), *Con faldas y a lo loco* (1959) y *Vidas rebeldes* (1961). Esta sería su última actuación. Su carácter inseguro no resistió las tensiones, el matrimonio con Miller se rompió y recrudecieron sus crisis depresivas, pues más que el amor físico, lo que más buscaba era un poco de auténtica ternura. Había trastornado el corazón de Bob Kennedy y también se dijo que el del propio presidente, pero todo ello naturalmente sin ninguna esperanza para ella. Una sobredosis de Nembutal acabaría con su vida en la madrugada del 5 de agosto de 1962 en un apartamento de Los Ángeles. El mito se agrandó con su muerte..., pero, ¿quién mató realmente a Marilyn?

CAPÍTULO XX

JOSEPH PATRICK KENNEDY, GRAVEMENTE ENFERMO

En diciembre de 1961, el presidente de Estados Unidos recibió la noticia de que su padre acababa de sufrir un ataque en Palm Beach.

Sin perder tiempo, Jack se trasladó al aeropuerto y tomó un avión de las Fuerzas Aéreas para acudir al lado de su padre. Le acompañaban sus hermanos Robert y Jean.

En Palm Beach la temperatura era excelente. Joe Kennedy llevaba ocho días allí adonde había ido a pasar sus vacaciones invernales, después de celebrar el día de Acción de Gracias en Hyannis Port, rodeado de sus familiares. John Fitzgerald había estado en Palm Beach pocos días antes, y en el momento de regresar a Washington su padre había querido acompañarle al aeropuerto. Luego había regresado a su casa, y estuvo jugando un rato con sus nietos. Más tarde había ido al club de golf, y allí empezó a encontrarse mal. De regreso a casa, acompañado por una de sus sobrinas, se empeñó en que no se avisara a ningún médico.

Cuando Rose regresó a casa después de asistir a la iglesia y de otros encargos, su sobrina Ann le comunicó que Joe no se encontraba demasiado bien. Pero en un principio no se preocupó demasiado por ello, ya que se le indicó que se había retirado a descansar un poco. Más tarde, la sobrina regresó de nuevo, explicando que aquello no le parecía sólo un malestar temporal, sino que era necesario que le viera un médico.

El doctor llegó al poco rato, y después de examinar al enfermo pidió una ambulancia y ordenó que se le trasladara a una clínica, pues el estado del anciano era grave. Aquella misma tarde un comunicado del hospital anunciaba que Joseph Patrick Kennedy sufría una trombosis intracraneal, que ponía en peligro su vida. En caso de sobrevivir, los médicos anunciaron que tenía pocas probabilidades de quedar en condiciones de mantener su nivel de actividad habitual.

Cuando Jack llegó a la clínica los médicos ya estaban operando. La trombosis se localizaba en la parte izquierda del cerebro, donde un coágulo de sangre taponaba una arteria y afectaba toda la parte derecha del cuerpo. Tras unas cuantas tentativas, los cirujanos llegaron a la conclusión de que no podía hacerse nada e interrumpieron la operación. Joe Kennedy tenía paralizada toda la parte derecha de su cuerpo y no podía hablar. Jack mantuvo un cambio de impresiones con los médicos y después fue a la capilla del hospital para rezar.

Los otros miembros del clan empezaron a acudir, todos procedentes de diversos lugares del país. Al día siguiente, Joe pareció recuperarse un poco, pero su estado volvió a complicarse cuando, precisamente el día de Navidad, se presentaron síntomas de pulmonía, que obligaron a los médicos a hacerle una incisión en la garganta e insertar un tubo a través del cual se le podía suministrar oxígeno. Sobrevivió a la crisis y su estado volvió a mejorar, aunque no recuperó el habla por completo, por lo que tenía que comunicarse con los suyos por medio de gestos —efectuados con la mano izquierda— y sonidos guturales.

A las pocas semanas Joe Kennedy abandonó el hospital, e inmediatamente los médicos iniciaron la tarea de hacerle recuperar el movimiento de sus miembros, mediante dolorosos ejercicios que se prolongaron durante la primavera siguiente.

142

Tuvo que visitar diversos centros de rehabilitación y de regreso a su casa fue instalado un ascensor para que no tuviera que utilizar la escalera. Tardó más de dos años en poder dar unos pasos y en recuperar un poco el habla, aunque nunca más volvió a pronunciar con claridad.

La embolia y la lesión cerebral le habían privado en un principio de su capacidad de hablar y le habían paralizado casi por completo el brazo y la pierna derecha. Mas, al parecer, su mente había sufrido escasos daños. Poseía una clara comprensión y advertía los más simples detalles.

Posiblemente, por primera vez en su vida, Joe Kennedy dependía de la planificación de otras personas. Esto era algo que debía resultarle muy difícil de soportar. Pero pronto se acomodó a esta nueva situación.

Mostró una grandiosa fortaleza de carácter. En realidad, era difícil que pudiera mantenerse a sí mismo como símbolo de fuerza y como patriarca de la familia en un estado relativamente pasivo como aquel, pero esto lo conseguía con su sola presencia, y con las cualidades que todavía se evidenciaban en él, las cuales le proporcionaron toda su vida la fuerza y las dotes de mando que le caracterizaron.

Poco a poco, gracias a los buenos cuidados de su familia y médicos, y sobre todo, gracias a su voluntad indomable, llegó a recuperarse bastante. Pudo ponerse en pie con la ayuda de un bastón. Y con el bastón y el brazo de alguien que le equilibrara por el otro lado, logró caminar unos pasos. Se construyó una piscina cerrada en Hyannis Port, y haciendo unos arreglos especiales pudo nadar todos los días con los músculos que todavía controlaba, lo cual le mantenía en movimiento y formaba parte de su terapia.

El «verdadero jefe» del clan Kennedy, Joseph Patrick, representaba todo un símbolo de la tenacidad de los pioneros que un día arribaron a aquellas tierras de promisión al otro lado del Atlántico. Pioneros que se iniciaron en 1620 con la llegada del *Mayflower* y sus «padres peregrinos» a las tierras que pronto serían llamadas Nueva Inglaterra.

Joseph recordaba a su padre, uno de aquellos emigrantes que se lanzaron a la aventura, establecido en la zona de Boston desde 1850.

Una ciudad de Boston de la cual había dicho el gran pensador Emerson «su destino era dirigir a la civilización norteamericana». Y a ciencia cierta que ya había tomado su papel en serio cuando fue la primera en crear, en 1636, una escuela de enseñanza gratuita para todo el mundo: la *escuela latina*, que todavía hoy sigue siendo uno de los establecimientos más importantes de la población.

Tres años más tarde, los bostonianos establecieron la primera imprenta en el cercano pueblo de Cambridge (nombre por otra parte tan evocador de estudios en la vieja Inglaterra) donde en 1673 tuvo lugar la fundación de la que sería famosa universidad de Harvard, abriéndose también la primera gran biblioteca pública.

En el forzado retiro de su lujosa mansión, el viejo Kennedy no habría olvidado que él también había sido un hijo de la preclara alma mater de Harvard, gracias a la tenacidad de su antecesor, que pronto se había sabido abrir camino en aquella peculiar sociedad bostoniana.

Joseph recordaría asimismo cómo gracias a su gran vigor y dedicación, conseguiría la anhelada graduación universitaria y se lanzaría entonces al mundo de los negocios bancarios que iniciaron pronto una línea ascendente, y más tarde a la palestra política.

Personaje contradictorio y controvertido, Joseph se había forjado muchos amigos, pero también otros muchos enemigos. Se le echó en cara haber transmitido a sus hijos sus inclinaciones burguesas y conservadoras, manipularlos para satisfacer sus ambiciones personales e incluso estropeado, más

144

Aunque procuraba disimularlo, la dolencia en su columna vertebral seguía aumentando.

que favorecido, su carrera política. Al respecto, todavía estaba muy reciente la opinión que se decía había manifestado el ex presidente Truman: «Lo que me preocupa en el caso de Jack Kennedy, no es el papa (aludiendo a su religión católica), sino el papá».

En su lecho de dolor, Joseph se creía todavía genuino representante del «sueño americano». Como muchos de sus compatriotas comenzó por sacar provecho de la primera conflagración a escala mundial de la que tan pingües beneficios obtuvo su país. La necesidad de construir buques para los aliados lo llevó a colocarse como director de la Bethlehem Steel, Un nuevo negocio muy prometedor hizo irrupción aquellos años: la industria cinematográfica. Joseph llegó a poseer hasta treinta y dos salas de exhibición en el Estado de Massachussetts. Pronto se sintió fuerte y entonces se atrevió a dar el gran salto, la propia producción de películas en su compañía, la RKO, rival de las grandes: la Paramount, la Metro, la Warner o la Universal. En treinta y dos meses obtuvo un beneficio neto de cinco millones de dólares.

A partir de 1926, Joseph y su familia marcharon a Nueva York, meca de los negocios, donde abrió una de sus casas comerciales principales, puesto que la otra la fijaría pronto en Chicago. Su innata sagacidad le hizo sortear con éxito la fatídica crisis de 1929. Su carrera política culminaría con la obtención de la embajada en Londres, en uno de aquellos años cruciales: 1937, cuando se estaba fraguando la gran catástrofe.

Entonces, o poco antes, se iniciaría su ocaso político. Se le acusó de aislacionista, de desentenderse de una guerra que empezaba conculcando todos los derechos humanos, de antijudío y hasta de pro nazi. Lo cierto es que Roosevelt, para su reelección, tuvo en él un fiel colaborador. En 1940 regresó a su puesto de embajador en Londres.

El ataque japonés contra Pearl Harbour le dio ocasión para ofrecer nuevamente sus servicios a un presidente que ya no los necesitaba. Antibelicista y anticomunista visceral, Joseph creía que el comunismo era todavía más pernicioso que el nazismo.

En una silla de ruedas, el anciano paralítico, privado del habla, vivía del recuerdo de haber logrado una familia unida, con grandes virtudes y defectos. El dinero no fue para él un fin sino un medio. No pudo llegar a la cúspide política como había sido su deseo, pero había tenido la satisfacción de ver a sus hijos e hijas, y en especial a John, en lo más alto, de tal forma que ya podía morir tranquilo.

CAPÍTULO XXI

EL COMPLICADO JUEGO POLÍTICO

Entre los proyectos de John F. Kennedy figuraba el de otorgar un cargo a su hermano Robert. Aun sabiendo las críticas que iba a despertar el nombramiento de Bobby para el puesto de fiscal general, Jack no dudó un momento. Bob, pues, se convirtió prácticamente en su brazo derecho, fue su máximo confidente y amigo y el más fiel intérprete de su política... hasta el extremo de que cuando su hermano fue asesinado en Dallas, recogió la llama encendida por éste. y la mantuvo encendida hasta que también fue asesinado en 1968.

Por otro lado, la elección de personas relativamente poco conocidas en el campo político, aunque altamente cualificadas en el terreno profesional, mereció innumerables críticas. Unos observaron que Kennedy se había rodeado de demasiados banqueros y hombres de negocios, mientras que otros criticaron la preferencia que mostró por los teóricos intelectuales. No obstante, nadie pudo negar que los hombres de aquel primer gabinete poseían talento y una personalidad indiscutible.

La mayor preocupación del gobierno de Kennedy era la de sacar a su país del estado de apatía en que se encontraba y hacer que progresara en todas direcciones.

Se propuso un amplio programa de ayuda al extranjero, el cual se denominó «Alianza para el Progreso»; también se aumentó el presupuesto para el departamento de Defensa y para la carrera espacial.

El desastre de bahía Cochinos

El episodio de bahía Cochinos fue uno de los más contradictorios y enojosos de los acaecidos durante el mandato del presidente Kennedy.

La descabellada operación montada por los anticastristas cubanos contra el régimen castrista era una herencia de la presidencia de Eisenhower, pero que Kennedy había asumido al tomar posesión del cargo de presidente.

Las relaciones diplomáticas entre Estados Unidos y Cuba se habían roto el 3 de enero de 1961.

En Cuba se pensó que después del relevo del presidente podían mejorar las relaciones entre los dos países. No obstante, la opinión pública en Estados Unidos era la de que la isla podía servir de puente para un ataque soviético, por lo que se siguió con el plan anterior de Eisenhower consistente en desembarcar una fuerza de elementos anticastristas en la costa meridional de Cuba para iniciar un movimiento que provocara la caída de Fidel Castro. Jack se enteró de la existencia de la brigada de exiliados cubanos que la CIA entrenaba en Guatemala pocos días después de ser elegido presidente. Pero el proyecto tuvo que ser aceptado por Kennedy.

En La Habana se tenía información detallada respecto a cómo andaban los planes de invasión por parte de los Estados Unidos. Por ejemplo, se sabía que en Guatemala la instrucción de un cuerpo mercenario iba muy adelantada.

Se sabía que en la provincia de Las Villas, en la sierra de Escambray, habían aparecido unos nuevos guerrilleros de signo anticastrista.

En la prensa de Estados Unidos se hablaba de un verdadero ejército formado por miles de hombres, bien armados, que estaban aguardando un desembarco para pasar a la acción.

El clima en Cuba era tenso. El país vivía inmerso en una expectante angustia. ¿Qué podía ocurrir cuando se produjera el desembarco? Ernesto *Ché* Guevara recordaba el fracaso ocurrido en Guatemala, cuando era presidente Arbenz. Y, por encima de todo, estaba decidido a que no sucediese lo mismo, por lo que se empezó a adoctrinar a las milicias campesinas. Guevara presidía personalmente aquel trabajo. Estaba convencido de que acabarían por aprender.

Finalmente, el 17 de abril de 1961 se produjo el desembarco. Unos miles de cubanos anticastristas, instruidos en campos de Centroamérica, desembarcaron en la isla, provistos de armamento, carros y artillería ligera.

El desembarco se debía realizar bajo la protección de cazabombarderos que despegarían de un portaaviones norteamericano, los cuales debían llevar los emblemas de la aviación cubana para simular que procedían de bases de la propia isla sublevadas contra el régimen de Castro. Pero los cazabombarderos no llegaron a tiempo, por un problema tan trivial como el de los husos horarios. El comandante del portaaviones no tuvo en cuenta que el meridiano de Playa Girón y el del punto por el que cruzaba su navío, correspondían a distinta hora, por lo que no se le ocurrió adelantar su reloj sesenta minutos, de forma que cuando llegaron el desastre ya estaba servido.

Los desembarcados soportaron una violenta reacción de las fuerzas castristas. Fueron ametrallados desde el aire por los bombarderos cubanos, y atacados desde tierra por la artillería y por las unidades blindadas.

De los invasores apenas llegaron a ponerse a salvo unos doscientos hombres, mientras que los otros, más de mil, murieron o cayeron prisioneros.

Para que el desastre fuera mayor, Fidel propuso entonces a Estados Unidos el canje, o mejor dicho, la venta de los prisioneros. De la tranza pudo beneficiarse Cuba, pues Estados Unidos pagó bien para recobrar la libertad de los prisioneros.

Se había producido el primer fracaso, y Estados Unidos se vio envuelto en una oleada mundial de protestas. Kennedy fue acusado de falsedad en su propaganda de no interferir en los asuntos internos de otros países. Aquel tropiezo le afectó profundamente. Pero en ningún caso evitó su responsabilidad ni trató de eludir las protestas.

Tensión mundial

Sin embargo, el episodio de bahía Cochinos no fue sino uno más, en una serie de conflictos que desde principios de 1961 afectaban a diversos países en los que Estados Unidos tenían intereses que defender.

En marzo, la Unión Soviética había amenazado con una intervención en el Congo después de la muerte de Lumumba, y poco después la República de Laos estuvo a punto de ser aniquilada por fuerzas comunistas infiltradas desde países vecinos. Se produjo una revolución en Angola, en la que se hizo necesario el envío de tropas portuguesas, y los soviéticos pusieron su veto a las conversaciones de desarme que se celebraban en Ginebra.

El 12 de abril, los soviéticos dejaban atónitos al mundo al poner en órbita el primer satélite tripulado. En mayo, los norvietnamitas se mostraban muy activos y declararon que conquistarían el país en pocos meses. También hubo un cambio de gobierno en Corea del Sur después de una serie de violencias, y el 30 de mayo caía asesinado el presidente Trujillo de la República Dominicana.

En junio, Kruschev anunció que era inminente un tratado de paz con Alemania Oriental, con lo que el acceso a Berlín se encontraría en grave peligro. En agosto, por si fuera poco, la Unión Soviética anunció la reanudación de una serie de pruebas atómicas de incalculable violencia.

Kruschev había anunciado el tratado de paz con Alemania Oriental durante la reunión que sostuvo en Viena con Kennedy. La iniciativa de la reunión había partido de Kruschev, y Kennedy había aceptado la invitación tanto para reanudar las relaciones interrumpidas y establecer nuevas vías de comunicación entre los jefes de las dos superpotencias, como para convencer a Kruschev de que él no era un presidente temerario, como pretendían hacer ver algunos dirigentes occidentales, ni un hombre de carácter débil como creían los soviéticos.

La entrevista se celebró entre los días 3 y 4 de junio. Pero no se llegó a ningún acuerdo, aunque Kennedy consideró importante el intercambio de opiniones, ya que el haberse conocido personalmente contribuía a mantener expectativas optimistas para futuros diálogos.

Proyecto espacial

Kennedy, por otra parte, había prometido a los americanos poner de nuevo el país en marcha, y de pronto descubrió lo difícil que resultaba mover al Congreso en la dirección de sus teorías económicas y programas sociales. Cuando ya llevaba seis meses al frente del Ejecutivo, declaró que la Luna era un objetivo nacional. El Congreso retardaba la aplicación de su programa, la economía seguía un paso indolente y se anunciaba un retroceso. Por otro lado, las nuevas realizaciones soviéticas en el espacio parecían querer acentuar el creciente descrédito de América. Se debe recordar que un triunfo soviético y un fracaso norteamericano fueron los elementos precursores de la aventura de Kennedy en el espacio durante la primavera de 1961. Precisamente, el 12 de abril, el comandante Yuri Gagarin fue puesto en órbida a bordo del Vostok I, convirtiéndose así en el primer hombre que viajó alrededor del planeta durante noventa minutos. Esta noticia constituyó para el joven Jack una nueva desalentadora. Por otro lado, a la semana siguiente de esta noticia, llegaba el fracaso de bahía Cochinos en Cuba.

Dos golpes fuertes para un joven ambicioso. Así, la decisión de John Fitzgerald Kennedy fue la de lanzar a Estados Unidos a una carrera muy costosa hacia la Luna. Esta carrera espacial, de alguna forma, distanció a Kennedy de los habitantes norteamericanos, ya que nada podía estar más lejos de las necesidades de los americanos que aquel satélite de la Tierra.

En la época de la decisión de Kennedy, aquella aventura espacial se presentó como un proyecto muy práctico. Sin embargo, como congresista y senador, Kennedy no había mostrado ningún interés por la carrera espacial. No obstante, pocos meses después de su elección como presidente, llegar a la Luna antes que los rusos se convirtió en algo de inigual importancia. Para Jack, en aquel momento, la Luna era el símbolo de América y de la fuerza de la nación en relación con la Unión Soviética. Jack creía firmemente en el prestigio. La riqueza había dado a los Kennedy poder y posición social; el prestigio ofrecería a la familia mantenerse a muy alto nivel, afirmando sus anhelos de lograr la máxima admiración y respeto por parte de todos.

Por otro lado, también las Fuerzas Aéreas se habían movilizado para convencer a la nueva Administración de que el porvenir militar se hallaba en el espacio. Y así la Administración Aeronáutica y del Espacio (NASA) también fue preparada para presentar una nueva frontera en el espacio.

En primer lugar, Kennedy convocó a algunos elementos para que se estudiaran estas cuestiónes. Quería saber exactamente en qué punto se hallaba la Administración americana en la cuestión espacial.

Johnson, después de recurrir a los expertos, le explicó a Kennedy que se podía batir a los soviéticos en la conquista de la Luna. El público en general no fue consultado, pues una vez que Jack había lanzado a América su proposición, una encuesta revelaba que el proyecto sería condenado por los americanos por un cincuenta y ocho por ciento en contra. Los científicos opuestos al proyecto tampoco fueron consultados.

El 25 de mayo de 1961, el presidente anunció en el Congreso la proyectada conquista de la Luna. Pero no solicitó ningún debate. Simplemente, lo dio por hecho. Lo más paradójico de la cuestión es que este objetivo se alcanzó durante el mandato de Nixon y que, por supuesto, Kennedy nunca llegó a ver realizado su proyecto lunar.

Repercusiones en la salud del presidente

Aparte de la tensión moral que aquellos hechos de tanta magnitud originaban en Jack, su estado de salud también se resintió nuevamente.

Las molestias que sufría en la columna vertebral no se atenuaban casi nunca. Los médicos le recomendaron sentarse en mecedoras, y gran cantidad de ellas se distribuyeron por toda la Casa Blanca.

Tenía que tomar tres baños calientes al día y descansar en un colchón especial después de cada comida. Antes de cenar, realizaba algunos ejercicios de gimnasia o nadaba un poco en la piscina.

Las dolencias empezaron a agravarse al regresar de Canadá, donde tomó parte en una ceremonia que incluía la plantación de un árbol. Después, al volver de París, tuvo que utilizar de nuevo las muletas para desplazarse por la Casa Blanca, aunque tenía cuidado de no hacer evidente aquel auxilio, sobre todo cuando hablaba con personas no cercanas a su círculo íntimo.

En cierta ocasión se vio obligado a cancelar diversas apariciones públicas y en una de ellas tuvo que pronunciar el discurso sentado.

Jack procuraba disimular el dolor, aunque en ocasiones debió de resultarle insoportable. Tuvo que reducir sus actividades deportivas y someterse a un tratamiento riguroso, que incluía ejercicios físicos de gran importancia, teniendo cuidado, sobre todo, de vigilar su dieta.

No obstante, su sentido del humor se mantuvo siempre alto, aunque su vida fue rigurosamente reglamentada, tanto en lo que respectaba a la privada, como a la pública.

Empezaba la jornada a las siete y media, dando un vistazo a los periódicos. Luego tomaba un baño, se afeitaba y desayunaba antes de las nueve. Después leía un resumen de la situación, que había sido elaborado por sus colaboradores e inmediatamente se iniciaban las conferencias y conversaciones. Antes de comer tomaba un baño con masaje y practicaba ejercicios adecuados para su dolencia. Después de la comida, muchas veces oficial, con invitados diplomáticos o altos dignatarios extranjeros, tenía que dormir la siesta sobre un colchón calentado a temperatura precisa. Tras la siesta, reanudaba la jornada con conferencias de prensa, entrevistas, o lo que estuviera dispuesto.

Hacia las siete y media recibía a su secretario, luego veía la televisión y finalmente se reunía con su esposa y sus hijos.

Con sus padres y esposa, procurando mantener, a pesar de todo, su vida familiar.

CAPÍTULO XXII

LA CRISIS DE LOS MISILES

El 14 de octubre de 1962, el mayor Rudolf Anderson, de la Fuerza Aérea de Estados Unidos, pilotando un avión «U-2», realizó un vuelo de reconocimiento sobre el aérea de San Cristóbal, en la isla de Cuba.

La CIA poseía, desde el mes de agosto, informes de exiliados, fotografías aéreas y mensajes de sus agentes en la isla que hacían deducir que la URSS estaba dispuesta a instalar misiles en aquella zona. En el mes de septiembre, el director de la CIA, John McCone, había declarado que las plataformas de lanzamiento de cohetes SAM descubiertas en Cuba se estaban transformando en rampas para misiles de superficie-superficie, y que técnicos soviéticos ensamblaban las piezas de estos misiles en la isla.

McNamara, a la sazón secretario de Defensa, se había opuesto a que vuelos de reconocimiento a poca altura confirmaran los datos obtenidos, pues la mayoría de las informaciones obtenidas por los exiliados cubanos habían resultado falsas. No obstante, las fotografías que Anderson tomó en su vuelo de reconocimiento de la zona demostraron que los técnicos soviéticos preparaban el emplazamiento de misiles de alcance medio con capacidad nuclear.

Durante los trece días que siguieron a aquel 12 de octubre, el mundo asistió a la crisis más aguda entre las dos superpotencias mundiales.

Kennedy fue informado el 16 de octubre por funcionarios de la CIA. A pesar de aquellas fotografías, el presidente no se conformó y ordenó que se realizaran más vuelos de reconocimiento. Antes de tomar cualquier decisión, quería estar completamente seguro de lo que sucedía en Cuba. Otras fotografías demostraron que, realmente, existían las rampas de lanzamiento en un número de dieciséis a treinta y dos instalaciones, las cuales se hallaban en condiciones de entrar en acción en un plazo de tiempo de dos semanas como máximo.

El Servicio de Inteligencia calculó que si aquellos misiles que apuntaban directamente a Estados Unidos eran disparados, morirían alrededor de ochenta millones de norteamericanos.

Aquella era una amenaza que el presidente de Estados Unidos no podía tolerar. La primera decisión de Kennedy fue la de crear un grupo de consejeros que se conoció como Comité Ejecutivo del Consejo de Seguridad Nacional, compuesto en un principio por catorce personas, entre los que se encontraban Robert F. Kennedy, fiscal general; Robert McNamara, secretario de Defensa, Dean Rusck, secretario de Estado; John McCone, director de la CIA y Theodore C. Sorensen, asesor de la Presidencia.

Desde el principio de las reuniones, los miembros del Comité Ejecutivo se mostraron divididos. Desde el primer momento se habló de la posibilidad de bloquear a Cuba. McNamara fue el más decidido defensor de aquella postura. Por otro lado, se barajaba la idea de atacar y destruir los emplazamientos de los misiles.

Mientras Kennedy reflexionaba sobre la acción más adecuada a realizar, Estados Unidos evacuó a la población civil de la base de Guantánamo en Cuba, y la reforzó con efectivos militares.

Se desplegaron fuerzas navales en el Caribe, y se concentraron unidades aéreas en Florida, mientras que las fuerzas nucleares vivieron en constante estado de alerta.

Finalmente, la decisión fue que se establecería un bloqueo marítimo que impidiera la llegada de más armas ofensivas a la isla de Cuba.

Durante la primera semana que duró la crisis, ésta transcurrió en secreto. Kennedy estaba orgulloso de la lealtad de su equipo gubernamental. Pero el domingo 21 de octubre, el secreto empezó a no serlo, y por Washington circularon rumores de que se había iniciado una gran crisis mundial. Kennedy, no obstante, pudo frenar a los directores de los periódicos hasta el momento en que él mismo dirigió un mensaje al país.

Al día siguiente, Kennedy habló por teléfono con Hoover, Truman y Eisenhower, y se reunió con el Consejo Nacional de Seguridad, en el que se hallaban presentes todos los miembros del Alto Estado Mayor. A las cinco de la tarde, Jack recibió a veinte líderes del Congreso de los dos partidos, Demócrata y Republicano. Muchos de aquellos hombres se mostraron irritados, ya que consideraron absurdo el bloqueo a Cuba y pedían el ataque a la isla sin discusión. No obstante, Kennedy se mostró firme en su decisión: seguiría el bloqueo, que él llamó «cuarentena».

A las siete de la tarde, Kennedy estaba frente a las cámaras de televisión. Nunca se le vio más sereno y tranquilo.

Informó que la Unión Soviética había instalado, en forma totalmente secreta, bases de lanzamiento de misiles nucleares en Cuba, y afirmó que aquellas armas constituían una amenaza para el país. Kennedy indicó que la Unión Soviética tenía que desmantelar las bases de lanzamiento pues de no hacerlo, Estados Unidos se vería obligado a actuar en consecuencia.

Durante cinco días se vivió en un gran estado de tensión. En el plano internacional, Kennedy recibió muestras de apoyo a su decisión: Gran Bretaña, Alemania, Francia enviaron telegramas de solidaridad con el presidente.

Entre los que se mostraron contrarios a la decisión de Kennedy figuraron las organizaciones pacifistas y la prensa de tendencia izquierdista.

Adlai Stevenson, representante de Estados Unidos en la Organización de las Naciones Unidas, fue el encargado de presentar el problema en dicha organización.

Entre tanto, la tensión crecía. Los titulares de los periódicos daban como seguro un inmediato bombardeo contra Cuba. En la noche del 26 de octubre se recibió una carta de Kruschev, que justificaba la presencia de las armas nucleares en Cuba. Según la carta, los misiles no tenían otro objeto que proteger la isla de la invasión estadounidense, y se mostraba dispuesto a retirarlos, bajo control de la Organización de las Naciones Unidas, siempre que Estados Unidos se comprometiera a no invadir Cuba. La carta de Kruschev demostraba que éste consideraba la confrontación tan peligrosa como el mismo Kennedy.

Al día siguiente, por la mañana, se reunió el Comité del Consejo Nacional de Defensa para redactar la contestación a Kruschev. Pero, entre tanto, llegó otra carta del premier soviético, la cual, de alguna forma, anulaba la anterior, pues exigía la retirada de los proyectiles «Júpiter» que Estados Unidos tenía instalados en Turquía para que la Unión Soviética retirara los misiles de Cuba.

Durante aquellos días se produjo, por otro lado, un hecho que revistió extrema gravedad, ya que un «U-2» fue derribado sobre territorio cubano por un cohete soviético mientras realizaba una incursión de espionaje.

Entonces la presión sobre Kennedy se hizo agobiante. Muchos pedían un acto de represalia. Pero Kennedy no estaba dispuesto a consentir un enfrentamiento armado contra Cuba, a pesar de las fuertes presiones.

En la última carta que Kennedy envió a Kruschev se planteó en forma de ultimátum que la principal medida para solucionar aquel conflicto era el cese inmediato de los trabajos en las rampas de lanzamiento. A partir de la aceptación de aquella condición, Estados Unidos se comprometía a discutir con la Unión Soviética los demás puntos del conflicto.

La respuesta llegó el 28 de octubre, domingo. Kruschev aceptaba las condiciones de Kennedy. A las once de la mañana se reunió con el Comité Ejecutivo del Consejo Nacional de Defensa y ordenó que se suspendieran los vuelos de espionaje sobre Cuba y se retirara el bloqueo a la isla. El mundo entero volvió a respirar con satisfacción. Kennedy había podido sobrellevar e incluso ganar uno de los conflictos más graves que sucedieron en la década de los sesenta.

CAPÍTULO XXIII

UN NUEVO SENADOR EN LA FAMILIA

En el año 1962, Teddy decidió presentarse candidato para el Senado. Fue ése también el primer año de enfermedad de Joe y esto, de alguna forma, sometió a Ted a una tensión suplementaria, no sólo porque quería mucho a su padre y se hallaba preocupado por su salud, sino porque sabía lo mucho que éste había querido que participase en aquellas elecciones y las ganase.

Aquella fue una campaña también memorable y atrajo poderosamente la atención nacional, ya que tenía elementos intrínsecos que así lo justificaban. Si Ted Kennedy ganaba las elecciones, la familia Kennedy ocuparía la Presidencia, la Fiscalía General y, al mismo tiempo, un asiento en la Cámara. Pero aquella elección también significaba un choque entre algunas fuerzas políticas poderosas del Estado, y algunos de los nombres más conocidos de la política norteamericana. El adversario de Ted para la candidatura demócrata en la convención fue MacCormack. El posible candidato por los republicanos era George Cabot Lodge, hijo de Henry Cabot Lodge, a quien Jack había derrotado en las elecciones de 1952 para el Senado. Por otra parte, se presentaba un candidato independiente, Stuart Hughes.

En aquella campaña, Teddy no quiso que se movieran demasiado los hilos familiares de la misma forma que había sucedido con la candidatura de Jack. Teddy sabía que era el hermano menor del presidente, y quería demostrar que podía ganar por sus propios méritos. Sin embargo, su madre, Rose, ayudó un tanto en su elección. Así lo explica la misma Rose Fitzgerald:

> *Según creo recordar, fui un par de veces a la radio o a la televisión, di algunas entrevistas hablando de Teddy y ayudé a Joan con unos cuantos contactos especiales, como mis amigos de las comunidades franco-canadienses, y toqué también varias veces el piano en algunas reuniones. En realidad, sólo una muestra, ya que pese a mis lecciones y a mis años de práctica dentro del círculo familiar y amistoso, no era más que una aficionada, mientras que ella sabía lo bastante para ser concertista. Joan había salido unas cuantas veces antes a varios sitios con Teddy y con los demás, en las campañas de Jack, pero era la primera vez que tenía que actuar como esposa de un candidato, un papel especial y difícil, delicado para cualquier persona. Joan, igual que Jackie, es bastante reservada y tímida, y las apariciones en público, los grupos de recepción y el dar la mano y los desfiles de automóviles y los discursos, entrevistas y todo lo demás, la abruman bastante. En realidad, todo esto puede ser a veces muy difícil. Nosotras, las mujeres de nuestra familia, tenemos numerosas razones para saberlo, por haberlo hecho muchas veces. Pero como en el caso de Jackie, Joan con su radiante belleza y su suave timidez, demostró estar hecha de acero cuando las necesidades la pusieron a prueba. Fue una gran activista durante toda la campaña.*

Teddy ganó en la Convención del Estado contra Eddie MacCormack que, no obstante, se negó a aceptar este resultado y planteó la cuestión en las primarias estatales, donde

Compartía y jugaba, siempre que tenía tiempo, con sus hijos Carolina y John-John.

Teddy ganó por un gran margen de votos. Así quedó frente a frente con George Lodge, el candidato republicano, en las elecciones generales, con Stuart Hughes, el independiente, como candidato puramente nominal.

Entonces sí que la familia, amigos y colaboradores volvieron a hacer piña. Llegó Bob de Washington, y también Ted Sorensen. Se organizaron tés y recepciones.

Edward Kennedy ganó. Y en cuanto estuvo seguro de su victoria llamó rápidamente a su padre. Joe todavía no podía articular palabras, pero escuchó a Ted que le contó todo lo que sabía que su padre deseaba saber.

CAPÍTULO XXIV

FINAL EN DALLAS

Preparando la reelección

La admiración que los americanos sentían por los Kennedy seguía tan en alza como siempre. Jackie continuaba tanto ofreciendo brillantes veladas musicales en las que actuaban los maestros más distinguidos del mundo artístico, como asombrando a las mujeres con trajes y atavíos que de inmediato creaban nuevas tendencias en el complicado mundo de la moda. También podía sorprender organizando una cena con un menú poco usual, y las amas de casa se apresuraban a cocinárselo a sus maridos.

Por lo que atañe al presidente, en su vida particular demostraba las mismas aficiones de siempre, dedicándose sobre todo a la lectura e intentaba asistir a los acontecimientos deportivos más importantes.

A principios de 1963, la prensa en Estados Unidos estuvo muy atareada cuando empezó a rumorearse que Jackie esperaba su tercer hijo. La noticia fue confirmada al poco tiempo, y los americanos que seguían los acontecimientos de la familia Kennedy tuvieron motivos para alegrarse.

Mientras tanto, el presidente había iniciado su tercer año de mandato. Aquel año Kennedy viajó mucho, trasladándose en primer lugar a Costa Rica, después a Alemania, donde celebró una entrevista con el canciller Adenauer. De Bonn

169

pasó a Irlanda, donde fue recibido con todos los honores. Posteriormente visitó Inglaterra e Italia.

Poco después de su regreso a Washington, Jackie dio a luz a un niño, el cual murió a las pocas horas de haber nacido. El parto había ido bien, pero pronto se habían presentado complicaciones respiratorias que hicieron urgente el traslado del bebé a otro hospital, donde falleció. El funeral se celebró el día 10 de agosto, y el entierro tuvo lugar en el cementerio de Hollywood. Sin duda alguna, aquel fue uno de los golpes más terribles que recibió Jack en el transcurso de su vida.

No obstante, tuvo que reponerse pronto de la terrible pérdida, pues sus deberes le obligaron a enfrascarse de nuevo en la actividad normal.

En octubre, Kennedy firmó la ratificación del tratado de no proliferación de armas nucleares.

Para la próxima elección presidencial faltaba todavía más de un año. Pero la opinión americana daba ya por sentado que Kennedy sería reelegido. No obstante, ni el presidente ni su familia daban la cosa como tan segura, por lo que, siguiendo su sistema metódico y ordenado, empezaron a preparar la próxima campaña.

Kennedy decidió realizar un viaje por el sur del país, donde la cuestión racial tomaba un matiz virulento. Y, entre otras cosas, planeó una visita a Florida y otra a Texas, donde visitaría el rancho del vicepresidente Johnson. Jackie acompañaría a Kennedy en este viaje, pues el presidente pretendía ganarse las simpatías de los tejanos, en cuya región sólo había ganado por muy escaso margen.

Aquellos viajes fueron planeados con mucha meticulosidad.

En Tampa, Jack pronunció tres discursos y luego se dirigió a Miami. El día 19 de noviembre, mientras se planeaba el recorrido por Texas, algunos auxiliares expresaron ciertos temores, pero Kennedy no se preocupó en absoluto.

No tenía miedo a morir. En realidad, había estado cerca de la muerte en varias ocasiones. La primera vez había sido durante la guerra, cuando su lancha torpedera fue hundida; después, dos veces más cuando fue operado de la lesión de la espalda. Además, siempre había estado convencido de que no llegaría a viejo a causa de sus deficientes glándulas suprarrenales. Sin embargo, y quizá por eso mismo, creía que la vida era un don maravilloso que había que aprovechar al máximo. De la misma forma, nunca había tenido miedo de violencias o atentados. Su confianza en los americanos era tal que nunca cruzó por su mente que un asesino pudiera acabar con él.

En la Casa Blanca se recibían diariamente gran número de anónimos que amenazaban de muerte al presidente, pero nunca estos anónimos hicieron variar las intenciones y proyectos de Kennedy.

En el avión de las Fuerzas Aéreas que trasladó a Jack, Jacqueline y al pequeño John-John a Texas, Kennedy no dejó de hablar de política con algunos senadores tejanos que iban con él.

Jackie parecía ya repuesta de la desgracia de haber perdido a su pequeño Patrick. Todo parecía igual que en cualquier otro viaje. En Houston, la multitud hizo objeto al presidente y a su esposa de un cálido recibimiento.

En Fort Worth el presidente parecía contento la mañana del 22 de noviembre. Abandonó la habitación del hotel para dirigirse al avión que debía trasladarlo a Dallas. Iba vestido con un traje azul oscuro. La gente se agolpaba en las calles cuando la caravana de automóviles se dirigía al aeropuerto. El día no era muy claro, y el cielo aparecía cubierto, amenazando lluvia. Jackie lucía un elegante vestido de color rosa. Cuando el avión estaba a punto de despegar empezó a llover. El vuelo hasta Dallas no duró más de quince minutos, y el presidente comentó que no había esperado un recibimiento tan entusiasta. Poco después de haber despegado, el Sol volvió a brillar.

En el aeropuerto se había reunido una gran cantidad de gente, y Kennedy y Jackie tuvieron que saludar a muchas personas. Poco después entraron todos en los coches, y la caravana empezó a avanzar lentamente.

El asesinato

Mucho se ha escrito sobre el asesinato del presidente Kennedy, pero nunca se han aclarado ni los móviles ni los verdaderos asesinos. Y estas circunstancias todavía darán mucho que hablar.

Lo cierto fue que Kennedy había ido a Dallas desoyendo las recomendaciones de los que consideraban el lugar como extremadamente peligroso. Kennedy no pudo menos que sonreír viendo algunas de las pancartas y letreros que se exhibían a su paso. En algunos se leía: «Ayudemos a John Fitzgerald a destruir la democracia», o bien «¿A qué Kennedy odia usted más?» El ambiente, realmente era hostil, pero no todo el mundo participaba de dicho sentimiento. Prueba de ello era la numerosa cantidad de personas que se agolpaba en las calles.

Kennedy ocupó el tercer coche de la comitiva. Delante iban unos motoristas que seguían al coche piloto y al de mando; detrás del coche descubierto de Kennedy iba el de protección ocupado por los agentes; luego, el vicepresidencial y más a la retaguardia venía otro destacamento de motoristas.

Cediendo al deseo de John Fitzgerald de mostrarse con la mayor claridad a la multitud, los policías que normalmente iban en los estribos del coche, aquel día no ocuparon ese sitio. En realidad, se habían tomado las precauciones habituales, y se había puesto particular atención en vigilar las ventanas, ya que desde las mismas alguien podía arrojar una granada o incluso un objeto pesado y contundente. Mientras la caravana discurría por las calles de Dallas precedida por las sirenas de los motoristas, un tal Jack Ruby redactaba unos anuncios con destino a sus *night clubs*, y una mujer llamada Marina Oswald contemplaba el desfile a través de la pantalla de su televisor. Por su parte, los operarios del Book Building bajaron a la calle antes de que el coche presidencial apareciera en la cerrada curva de las calles Houston y Elm. Un espectador, Abraham Zapruder, dispuso su cámara cinematográfica, con ansias de captar el paso del presidente y conseguir buenas imágenes de éste y de su esposa para su filmoteca particular. Por último, en aquellos mismos momentos, en el sexto piso del Book Building, H. Lee Oswald procedía a apilar unas cajas para que le sirvieran de escondite y punto de apoyo para su fusil italiano. Después, abrió lentamente el cristal de una ventana. La caravana se acercaba.

Un tal Arnold Rowland levantó de forma casual la mirada hacia el Book Building y pudo distinguir a un individuo provisto de un fusil. Comentó a su esposa el hecho y se quedó convencido de que el apostado en aquella ventana no era otro que un policía que acechaba el paso del presidente y vigilaba por si algún desalmado pretendía alguna acción contra Kennedy. «Y luego dirán que la policía no está en todo», indicó después del comentario a su esposa.

En aquellos momentos, un policía situado en la plaza trataba de contener a la muchedumbre, pues el coche piloto dobló la esquina.

Las aclamaciones se recrudecieron: los automóviles estaban empezando a aparecer. El coche del presidente se aproximaba a la fachada del Book Building a lenta velocidad. Pasó ante el árbol que se encontraba enfrente. Una vez sobrepasado el árbol el presidente se llevó la mano a la garganta. Una bala le había alcanzado. Posteriormente se confirmó que habían sido tres los impactos recibidos por John Fitzgerald.

Mientras Jacqueline Kennedy, con el vestido rosa manchado por la sangre de su marido, esperaba a que los médicos terminaran la delicada intervención con que se pretendía salvar la vida de su esposo, Marina Oswald, después de enterarse de que los tiros habían salido del Book Building, corrió hacia el garaje donde su marido guardaba el arma. La manta que lo envolvía estaba allí, pero el fusil había desaparecido.

Algún tiempo después Oswald fue detenido sin oponer ninguna resistencia. Mientras, en el hospital, los médicos certificaban la muerte del presidente, situando la hora a la una en punto.

La consternación que aquello produjo en el mundo entero es indescriptible. La muerte de John Fitzgerald Kennedy constituyó un motivo de duelo universal.

La muerte había llegado de nuevo al hogar de los Kennedy. Aquel día 22 de noviembre en Hyannis Port reinaba una temperatura agradable. Rose y Joe Kennedy habían dado un paseo en coche, y luego ella fue a jugar un poco al golf. Después de la comida, el patriarca se retiró para dormir una pequeña siesta. A la una y media Rose estaba de regreso y se disponía a almorzar. En las proximidades sonaba la música procedente de una radio. De repente, la música cesó. El locutor iba a leer unas noticias urgentes. Después de oírlas, uno de los chóferes corrió muy excitado a comunicarlo a una criada, quien a la vez lo difundió hasta que la triste nueva llegó a oídos de una prima de Rose Kennedy, y ésta se lo dijo a Rose, si bien con la reserva de que las heridas eran graves, aunque no mortales. Sin embargo, la débil esperanza se desvaneció a los pocos minutos cuando se supo la verdad. Rose decidió no despertar a su esposo. Se llamó al médico y éste llegó rápidamente para examinar el estado de Joe. Para que éste no se extrañara de la visita del médico, se le informó de que había venido a examinarle pues debía partir para California y adelantaba así la visita rutinaria. El médico indicó que Joe podía soportar físicamente el choque emocional. Sin embargo, consideró que era mejor esperar a la mañana siguiente. Cuando despertó, lo acompañaron a dar un paseo en automóvil a fin de impedir que se sentara a ver la televisión. Poco después, Teddy y Eunice llegaron en avión desde Washington, lo que provocó la alarma en el viejo patriarca, quien, no obstante, se retiró a descansar a la hora acostumbrada.

A la mañana siguiente Rose asistió a misa, según su costumbre habitual, en la iglesia de San Francisco Javier. Rose solicitó al párroco que aquella misa la dijese por Jack. Más tarde se dispuso a desayunar con su marido. A éste le extrañó no encontrar el ejemplar habitual del periódico, que todos los días solía tener al lado de su plato. Las sospechas de que algo sucedía y que se le estaba escondiendo aumentó. Teddy y Eunice, después de asistir también a misa, fueron a ver al anciano. Éste estaba en su habitación y quiso poner la televisión, pero sus hijos le dijeron que el aparato no funcionaba. Finalmente, Ted, dándose cuenta de que no se le podía ocultar la verdad por más tiempo, acabó por decírselo.

Los periodistas que hacían guardia cerca de la casa de Hyannis Port pudieron ver, a las diez de la mañana, que la bandera americana que ondeaba en el jardín fue puesta a media asta, por lo que no cabía ya ninguna duda de que el viejo patriarca había sido informado de la tragedia.

Joseph Kennedy soportó el golpe con gran entereza. Se mostró tranquilo ante los visitantes, como si se resignara a aquel trágico suceso que el destino había puesto en el camino de Jack. Ni tan siquiera perdió la calma cuando un policía empezó a llorar delante de él.

Jackie, pasado ya algún tiempo, dijo del comportamiento de la familia Kennedy:

> *Lo que resultaba increíble en todos ellos era su ánimo. Podías estar con ellos en el comedor y haber sucedido cosas tristes para todos, e incluso podía haber sucedido algo triste aquel mismo día, y te dabas cuenta de que cada uno era consciente del sufrimiento de los demás. Y así, podían sentarse a la mesa con un humor triste y luego, todos empezaban a esforzarse de forma consciente por alegrarse y elevar el ánimo de los demás; aquello, en verdad, resultaba contagioso. Todo el mundo lo hacía. Se empujaban unos a otros.*
>
> *Todos tienen un género de humor que es el que yo prefiero. Quizá un poco irreverente, un poco reflexivo y, a veces, en épocas tristes, un humor malévolo y libre. No quiero decir que se rieran cuando no debían hacerlo. Pero realizar un auténtico esfuerzo por despertar la alegría cuando todo el mundo está triste, creo que es algo maravilloso.*
>
> *Fueron una ayuda muy grande para mí. Mi tendencia natural me llevaba a ser introvertida y solitaria y a encerrarme en mí misma y maquinar demasiado. Pero ellos me empujaban a salir. Nadie se sentaba y se ponía a gemir compadeciéndose de sí mismo. Era algo tan noble que te hacía sentir verdaderamente orgulloso. Y pensabas en el esfuerzo que estaban haciendo, considerando que era una lección que debías aplicártela a ti misma.*

Algunos días más tarde, Jackie abandonó para siempre la Casa Blanca. Como prueba de elegancia, dejó unas flores y una nota de bienvenida para la esposa de Lyndon B. Johnson; luego se despidió del personal.

Conjeturas y más conjeturas

Como se ha dicho unas líneas más arriba, H. Lee Oswald fue detenido poco después de la muerte de Kennedy. ¿Quién era Oswald? En realidad, no tiene ninguna importancia este hecho. El hombre fue asesinado a su vez. El asesino del asesino, Jack Ruby, también murió en la cárcel, al cabo de poco tiempo, de un cáncer un tanto extraño.

Estos dos nombres, Oswald y Ruby poco dicen sobre los motivos del asesinato. Con toda seguridad no fueron más que chivos expiatorios de un crimen todavía no aclarado hoy en día. Más bien, los dos personajes han servido para despistar y confundir a los informadores e investigadores del caso. Tampoco el «informe Warren» logró aclarar las causas del asesinato.

La muerte del joven presidente en aquellas circunstancias y los móviles que la impulsaron, acrecentaron el mito que ya en vida se había forjado J. F. Kennedy. Si a veces resulta muy difícil bucear en el nacimiento de los grandes hombres (positivos o negativos) esto sucede menos, en general, con su desaparición física, hasta el punto de que frecuentemente se fragua la leyenda de que todavía no han muerto, o por lo menos no lo hicieron el día en que todos lo creyeron, y por no hablar del mito del retorno...

Kennedy no podía quedarse al margen de esta histeria humana por negar la clara evidencia y así la prensa sensacionalista donde la haya, el diario norteamericano *The News*, publicó el 11 de junio de 1990 una carta de una tal doctora Sonya Faron en la que decía taxativamente:

> *El mundo fue inducido a creer que el presidente Kennedy había sido asesinado por Lee Harvey Oswald, pero está vivo, consciente y vigilante a la edad de setenta y tres años.*

El señor Kennedy sufrió un derrame cerebral.
Quedó paralizado de cintura hacia abajo. Pero toda-
vía está lúcido y ha permanecido metido en la polí-
tica americana desde su allegada muerte y ficticio
funeral en 1963.

La doctora cita a varias personas para explicar por qué un grupo de empresarios de elite, políticos y operativos de la CIA hablaban sobre un Kennedy vivo fuera de su país, después de que Oswald disparase e hiriera al presidente el 22 de noviembre de 1963. De acuerdo con la fantasiosa doctora, Kennedy sabía que un atentado contra su vida era probable e hizo personalmente arreglos para esconderse en el supuesto de que se produjese. Sabía quién quería asesinarle, pero prefirió callar para identificar al asesino o asesinos. Para prevenir un segundo atentado contra su vida, el presidente salió disparado hacia un centro de convalecencia en Polonia pocos días después de que le disparasen, y un muñeco imitando perfectamente sus rasgos fue enterrado en el Cementerio Nacional de Arlington. Al menos 16 políticos y empresarios, así como la todopoderosa CIA, estuvieron al tanto de lo sucedido.

Repetidos intentos de localizar a la doctora Faron han sido inútiles y ni el gobierno de los EE. UU. ni el polaco han podido verificar el contenido de la carta... ¿Sensacionalismo? ¿Fantasías? Como el famoso y trucado testamento de Hitler, es más que probable de que así lo sea, pero el globo sonda esta echado: ¿y si...? Realmente, los grandes hombres no mueren nunca.

EPÍLOGO

Después del entierro de John Fitzgerald Kennedy, Robert F. Kennedy anunciaba al mundo que la lucha debía continuar. De la noche a la mañana, Bobby se había convertido en el jefe del clan. Joseph Patrick Kennedy estaba muy enfermo y no podía valerse por sí mismo, Jack había muerto. Por lo tanto, Bobby asumió las responsabilidades de jefe de la familia y continuador de la saga Kennedy.

Robert F. Kennedy tuvo que reponerse pronto del terrible golpe para atender satisfactoriamente su cargo de Fiscal General. Poco a poco, a raíz del asesinato de Jack empezó a cambiar de actitud. Se le veía reflexivo, e incluso podría hablarse de ensimismado, imbuido dentro de sus pensamientos. En realidad, tomaba conciencia de que era el heredero de las ambiciones y proyectos de su hermano y amigo, y se sentía con la obligación moral de llevarlas a cabo.

En 1964 se empezó a barajar la idea de presentarle como candidato a la vicepresidencia. Pronto circuló la opinión de que en caso de presentarse a unas elecciones, los votos sobrepasarían a los de Johnson en bastantes Estados.

Robert se sentía confuso y estaba convencido de que Johnson escogería a otro candidato, como así fue.

Los amigos de Bob y, sobre todo su cuñado Stephen Smith, le animaron a presentar su candidatura como senador por Nueva York. Bob aceptó, e inició en seguida una de aquellas campañas que le eran tan familiares, sobre todo después de haber dirigido tantas veces las de su hermano. La nominación fue ganada y Bob ocupó un escaño al lado de su hermano Edward, que a la sazón también era senador.

En 1964 Robert abandonó el Departamento de Justicia. Aquel hecho provocó el estallido de la animosidad latente que el jefe del FBI, Hoover, le profesaba. Éste, viéndose libre para dar rienda suelta a sus comentarios, trató de desprestigiar a Bob, explicando que durante el período de su mandato había instalado micrófonos en habitaciones privadas a fin de escuchar las conversaciones que en ellas se mantenían, y otros detalles de este tipo. Hizo aquello para contribuir a crear un clima poco favorable a Kennedy, quien como Fiscal General se había distinguido en la persecución de algunos maleantes. Se trataba de presentar a Kennedy bajo el aspecto más desagradable posible, con el único fin de restarle popularidad. Pero esto no se consiguió. Bien al contrario, el resultado fue que aumentó su popularidad.

Sin embargo, la actuación de Bob como senador coincidió con una época conflictiva. Robert aceptó como buenas las explicaciones del informe Warren acerca del asesinato de su hermano, a pesar de que las mismas no convencieron —ni convencen— absolutamente a nadie. Hubo problemas con los sindicatos por culpa de la guerra del Vietnam, que seguía su curso irregular, colocando la política del presidente Johnson en una situación un tanto desagradable. Se produjo una reducción de la ayuda exterior, como consecuencia de los innumerables gastos de una guerra poco gloriosa, lenta y cruel. Martin Luther King, líder del movimiento negro, fue asesinado, y estallaron por doquier violencias como nunca se habían visto en Estados Unidos, con la secuela de asesinatos, incendios, robos y malestar general.

El tema de la violencia americana y el de la facilidad para adquirir armas estaba a la orden del día en aquel período, por lo que el ambiente que se respiraba no era muy favorable a

El solemne entierro después del trágico asesinato que nunca se ha aclarado por completo.

los políticos cuando Bob Kennedy tomó la decisión de seguir las huellas de su hermano.

Candidatura a la presidencia

En marzo de 1968 Bob anunció en el Senado su decisión de presentarse como candidato a la presidencia. Había tenido mucho cuidado de ocultar sus intenciones hasta ese momento, pero quienes le rodeaban y le conocían íntimamente estaban convencidos de que iba a presentarse desde mucho tiempo antes.

Para la campaña electoral intentó reunir todas sus mejores cualidades a fin de presentarlas al gran público americano. Se lanzó a la lucha con el ánimo sereno, sin sopesar las consecuencias de su fracaso. Muchos sectores de la opinión pública aceptaron con agrado la candidatura; otros, en cambio, atacaron duramente a Bob y protestaron por lo que empezaron a llamar «dinastía Kennedy», objetando que aquella familia pretendía controlar el país valiéndose de su dinero. Un escritor llegó a decir que existían en América tres partidos, a saber, el Demócrata, el Republicano y el Kennedista. Pero, en general, el pueblo estaba con él. Bob no tenía la simpatía propia de otros miembros de su familia, como Jack o Teddy, pero de su persona emanaba un atractivo que, a decir de muchos, era una mezcla de ingenuidad, tipo James Dean, de misticidad religiosa y de frialdad e inflexibilidad, lo cual daba precisamente unas excelentes cualidades para acceder a la presidencia.

La campaña fue dura, como todas en aquel inmenso país. Se había rodeado de los antiguos colaboradores que habían trabajado en las campañas para John. Bobby pronunció discursos bajo la lluvia, e incluso tuvo que dormir más de una vez en el avión que usaba para ir de un Estado a otro. Se sentía muy apoyado por sus amigos y, sobre todo, por su familia, especialmente por su hermano Ted. Éste, que en vida de Jack no había recibido muchas atenciones por parte del público, había saltado a las primeras planas de los rotativos a causa de un desgraciado accidente en 1964, cuando la avioneta en que viajaba para asistir a una Convención Demócrata en Springfield se había estrellado.

El primer objetivo marcado por Bob era ganar las primarias en California.

Sus partidarios daban la victoria por segura y Robert se empleó a fondo en aquella campaña, recorriendo cantidad de Estados sin desfallecer. No obstante, se fatigó muchísimo, pero consiguió su objetivo: California le dio una resonante victoria, la cual le abría las puertas para la nominación.

Sin embargo, la sombra de la muerte se cernía de nuevo sobre los Kennedy. Bob había recibido algunas veces anónimos que ponían en peligro su vida. Tampoco tenía miedo, o cuando menos lo disimulaba, haciendo poco caso de la protección personal e intentaba eludirla a poco que pudiera.

Los Ángeles

Bob había ganado las primarias en California. Todo su equipo se encontraba reunido en el hotel Ambassador, de Los Ángeles. Bob, agotado, pronunció un pequeño discurso a los allí congregados, dándoles las gracias por la colaboración prestada.

Debía, luego, asistir a una pequeña fiesta que se celebraba en su honor en uno de los salones del hotel, y hacia allí había de dirigirse. No obstante, se decidió que antes respondería a las preguntas de los informadores, que se hallaban reunidos en otra estancia, el «Colonial Room». Hacia allí se dirigió, pues, Bob, seguido de Ethel y sus ayudantes. En la despensa, por la que forzosamente tenía que pasar para llegar a la sala de prensa, un joven de baja estatura, con el cabello rizado y de tez morena, esperaba el paso de Bob apostado en un frigorífico.

Bob se detuvo un momento para estrechar la mano a un lavaplatos. En aquel momento, el joven que había estado apoyado en el frigorífico se acercó a menos de un metro de Robert y vació el cargador de ocho balas que tenía el revólver que empuñaba. Rápidamente, los guardaespaldas del candidato apresaron al agresor.

El senador Robert Kennedy estaba tendido en el suelo, herido de muerte, aunque todavía tuvo fuerzas para preguntar si alguien más había resultado herido. A los veinte minutos de la agresión, Bob y los restantes heridos —que sí los había habido— fueron trasladados a un hospital cercano. Ethel, que estaba en estado de buena esperanza, acompañó a su marido. Una de las balas se había alojado en la base del cráneo, después de haber atravesado la axila; otra, destrozó el hueso mastoideo derecho y proyectó los fragmentos en el cráneo. Robert fue trasladado de aquel hospital a otro mejor equipado; por el camino, un sacerdote le dio la extremaunción.

Mientras, la noticia se había extendido rápidamente, pues los fotógrafos y periodistas se habían abalanzado sobre el senador durante los veinte minutos que había permanecido tendido en el suelo de la despensa del hotel. Ted estaba en San Francisco en aquellos momentos, pero se enteró en seguida y partió hacia Hyannis Port para dar la triste nueva a la familia.

Bob falleció en la madrugada del día 6 de junio de 1968, es decir, la del día siguiente al atentado, después de que los médicos hubieron hecho todo lo posible por salvar su vida. Como en el caso de Jack, los telegramas de condolencia se sucedieron sin parar.

Otra nueva tragedia había tenido lugar en el seno del «clan Kennedy».

CRONOLOGÍA

1820 — Nacimiento de Patrick Kennedy, fundador del «clan» de los Kennedy.

1848 — Patrick Kennedy abandona Irlanda con destino a Norteamérica.

1855 — Fallece Patrick Kennedy, del cólera, sucediéndole su hijo Patrick Kennedy II.

1886 — Patrick Kennedy II es elegido diputado por el Estado de Massachusetts.

1887 — Patrick Kennedy II contrae matrimonio con Mary Kickey.

1888 — Nace Joseph Kennedy, patriarca de la familia y futuro padre de John.

1890 — El 22 de julio nace Rose Elizabeth Fitzgerald.

1911 — En enero se celebra la fiesta de la puesta de largo de Rose Fitzgerald.

1914 — Este año se celebra la boda entre Rose Fitzgerald y Joseph Kennedy.
— Empieza la Primera Guerra Mundial.

1915 — Nace Joseph Kennedy, llamado «Joe».

1917 — El 29 de marzo nace John F. Kennedy, futuro presidente de Estados Unidos.

1918 — En septiembre nace Rosemary Kennedy.

1920 — Este año nace Kathleen Kennedy.

1921 — Nace Eunice Kennedy, y a finales del mismo año, Patricia.

1925 — Este año tiene lugar el nacimiento de Robert Kennedy, a quien todos llaman «Bob».

1926 — La familia Kennedy se instala en el barrio residencial de Riverside, en Boston.

1928 — Nace la pequeña Jean, con lo que ya son ocho los hijos del matrimonio Kennedy.
— Se producen diversos cambios de vivienda.
— Joseph Kennedy ya tiene a su cargo tres organizaciones de espectáculos.

1929 — Fallece el abuelo Patrick, en Boston, a los setenta y un años de edad.
— Es nombrado presidente de Estados Unidos Herbert Hoover.
— Tiene lugar el mayor *crak* bursátil de la historia de Estados Unidos, aunque no afecta a la familia Kennedy.

1930 — John Kennedy pasa a estudiar a la escuela de Canterbury.
— Su padre Joseph se declara partidario del demócrata Franklin Delano Roosevelt.

1931 — John Kennedy es operado de apendicitis.

1932 — Nace el noveno hijo de los Kennedy, Eddie Moore, llamado Ted.

1933 — Joe Kennedy se gradúa en Choate.
— En septiembre, el matrimonio Kennedy viaja a Europa en compañía de Jimmy Roosevelt y su esposa.

1935 — John Kennedy cursa estudios superiores.

1936 — Es reelegido Franklin Delano Roosevelt como presidente de Estados Unidos.

1938 — Joseph Kennedy es nombrado embajador de Norteamérica en Londres, a pesar de no ser diplomático de carrera.

1939 — En noviembre, Joseph Kennedy es llamado a Washington.

1941 — El 7 de diciembre se produce el ataque japonés contra Pearl Harbour, lo que significa la entrada de Norteamérica en el conflicto mundial.
— John F. Kennedy se incorpora al ejército.

1942 — Joe es nombrado alférez de aviación.

1943 — John Kennedy sirve al ejército en una lancha torpedera, en aguas del Pacífico.
— El 2 de agosto, la lancha es partida en dos por un obús, y John Kennedy logra salvarse y salvar al maquinista de la lancha.

1944 — El 12 de agosto fallece Joe en un accidente de aviación.

1945 — John F. Kennedy entra en el terreno de la política.

1950 — El 17 de junio se casa Robert Kennedy con la joven Ethel Skatel, siendo padrino de boda John F. Kennedy.

1952 — En la primavera de este año, John conoce a la joven Jacqueline Le Bouvier.

1953 — Casamientos de Eunice con Sargent y de John con Jacqueline.

1954 — Patricia, contra la oposición de su padre, se casa con el actor cinematográfico Peter Lawford.
— El 21 de octubre, John Kennedy es hospitalizado para ser operado de la espina dorsal.

1956 — Jean Kennedy se casa con Stephen Smith, nieto de un congresista por Brooklyn.
— Se le concede a John Kennedy el Premio Pulitzer por un libro de biografías.

1957 — En enero se produce una encuesta del Instituto Gallup sobre qué candidato a la Presidencia, por el partido demócrata, tiene mayores posibilidades de salir elegido: si Kefauver o Kennedy, ganando éste por un 3% de diferencia.

1958 — En primavera, John Kennedy es ya el candidato demócrata más popular a la Presidencia.

1960 — El 8 de enero, se anuncia oficialmente la candidatura de John Kennedy a la Presidencia de Estados Unidos. Tiene cuarenta y dos años de edad.

1960 — El 11 de julio se inaugura la Convención Demócrata en Los Ángeles.

— El 7 de noviembre se clausura la campaña electoral.

1961 — El 20 de enero, John F. Kennedy toma posesión del cargo de presidente de Estados Unidos.

— En diciembre, Joseph Kennedy sufre un ataque de gravedad en su residencia de Palm Beah.

— El 12 de abril, la URSS lanza su primer satélite tripulado en torno al planeta, con Yury Gagarin a bordo. El vuelo duró noventa minutos.

— El 17 de abril se produce el ataque norteamericano contra Cuba en bahía Cochinos, que es rechazado totalmente.

— El 25 de mayo, John Kennedy anuncia en el Congreso que se intentará la conquista de la Luna.

1962 — El 14 de octubre tiene lugar un vuelo de reconocimiento sobre Cuba a cargo del mayor Rudolf Anderson, en un avión U-2. Se inicia la llamada «crisis de los misiles».

— Ted Kennedy decide presentarse como candidato al Congreso. Consigue el nombramiento.

1963 — En la Casablanca se reciben diversas amenazas de muerte contra John F. Kennedy.

— Pese a todo, el presidente proyecta su viaje al Estado de Texas.

— El 22 de noviembre, al pasar por la ciudad de Dallas, se produce el atentado, que cuesta la vida al presidente de Estados Unidos.

ÍNDICE

Introducción 5
Bibliografía 6
Capítulo I: El nacimiento del clan Kennedy 9
Capítulo II: La ciudad de Boston 15
Capítulo III: Los futuros patriarcas 17
Capítulo IV: De Boston a Nueva York 27
Capítulo V: El clan se dispara hacia el éxito 37
Capítulo VI: Malos tiempos para Europa 51
Capítulo VII: Guerra en Europa 61
Capítulo VIII: El ataque de Japón a Pearl Harbour 67
Capítulo IX: Una arriesgada misión para Jack 73
Capítulo X: Se suceden las tragedias en el clan 77
Capítulo XI: El clan Kennedy llena vacíos 83
Capítulo XII: Del periodismo a la política 89
Capítulo XIII: Aspirante a senador 97
Capítulo XIV: Jaqueline Le Bouvier 103
Capítulo XV: La boda del año 107
Capítulo XVI: Nuevos avatares para los Kennedy 115
Capítulo XVII: Camino a la Presidencia 119
Capítulo XVIII: La Presidencia 127
Capítulo XIX: El presidente 135
Capítulo XX: Joseph Patrick Kennedy, gravemente en-
    fermo 141
Capítulo XXI: El complicado juego político 149
Capítulo XXII: La crisis de los misiles 159
Capítulo XXIII: Un nuevo senador en la familia 165
Capítulo XXIV: Final en Dallas 169
Epílogo 179
Cronología 185

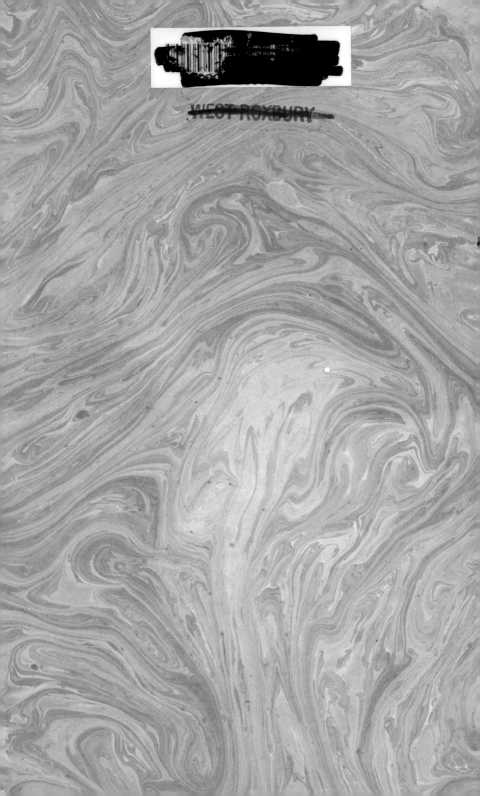